AF441169

Morin, Edgar, 1921-
     Los siete saberes necesarios para la educación del futuro / Edgar
Morin. –Bogotá: Cooperativa Editorial Magisterio, 2001.
132 p. ; 14 cm. – (Colección Mesa Redonda)
1.Conocimiento - Ensayos, conferencias, etc. 2. Complejidad
(Filosofía) 3. Sociología de la educación 4. Psicología Social 5. Identidad
I. Tit. II. Serie
001.2 cd 20 ed.
AHC5737

CEP-Biblioteca Luis- Angel Arango

Edgar Morín

Los siete saberes necesarios para la educación del futuro

Organización de las Naciones
Unidas para la Educación,
la Ciencia y la Cultura

cooperativa editorial
MAGISTERIO

Colección Mesa Redonda

═══════════════════════

LOS SIETE SABERES NECESARIOS PARA LA EDUCACIÓN DEL FUTURO

Autor
©   *EDGAR MORÍN*

Traducción de Mercedes Vallejo-Gómez
Profesora de la Universidad Pontificia Bolivariana de Medellín-Colombia
Con la contribución de Nelson Vallejo-Gómez y Françoise Girard

Libro ISBN: 978-958-20-0599-3

Primera edición: Año 1999. *United Nations Educational, Scientif*
           *and Cultural Organization (*UNESCO), Paris, France.
Edición para Colombia: Año 2001.
Segunda Edición para Colombia: Año 2011.

─────────────────────────────

©   *UNESCO 1.999.*   Paris, France.

©   *COOPERATIVA EDITORIAL MAGISTERIO*
           Diag. 36 Bis *(Parkway La Soledad)* Nº 20-70 PBX: 3383605
           Bogotá, D.C., Colombia.
           www.magisterio.com.co

─────────────────────────────

CONTENIDO

Agradecimientos

Me complace inmensamente la comprensión y el apoyo de la UNESCO y de manera particular el de Gustavo López Ospina, Director del Proyecto transdisciplinario "Educación para un futuro sostenible", quien me indujo a expresar mis propuestas de la manera más completa como me fuera posible.

Este texto ha sido puesto a consideración de personalidades universitarias y de funcionarios internacionales del Este y del Oeste, del Norte y del Sur. Entre los cuales están: Andras Biro (Hungría, experto en desarrollo en la ONU), Mauro Ceruti (Italia, Universidad de Milán), Emilio Roger Ciurana (España, Universidad de Valladolid), Eduardo Domínguez G. (Colombia, Universidad Pontificia Bolivariana), María de C. de Almeida (Brasil, Universidad Federal del Río Grande del Norte), Nadir Aziza (Marruecos, Cátedra de estudios euro-mediterráneos), Edgar de A. Carvalho (Brasil, Universidad Católica de Sao Paulo), Carlos Garza Falla (México, UNAM), Rigoberto Lanz (Venezuela, Universidad

Central), Carlos Mato Fernández (Uruguay, Universidad de la República), Raul Motta (Argentina, Instituto Internacional para el Pensamiento Complejo, Universidad del Salvador), Darío Múnera Vélez (Colombia, ex-Rector Universidad Pontificia Bolivariana), Sean M. Kelly (Canadá, Universidad de Ottawa), Alfonso Montuori (USA, Instituto Californiano de Estudios Integrales), Helena Knyazeva (Rusia, Instituto de Filosofía, Academia de Ciencias), Chobei Nemoto (Japón, Fundación para el apoyo de las artes), Ionna Kuçuradi (Turquía, Universidad Beytepe, Ankara), Shengli Ma (China, Instituto de Estudios de Europa del Oeste, Academia China de Ciencias Sociales), Marius Mukungu-Kakangu (Zaire, Universidad de Kinshasa), Peter Westbroek (Holanda, Universidad de Leiden).

Nelson Vallejo-Gómez fue el encargado por la UNESCO de retomar e integrar las propuestas y de formular sus propios aportes. El texto resultante contó con mi aprobación.

A todas estas personas, mis más sinceros agradecimientos.

PREFACIO
DEL DIRECTOR GENERAL
DE LA UNESCO

Cuando miramos hacia el futuro, vemos numerosas incertidumbres sobre lo que será el mundo de nuestros hijos, de nuestros nietos y de los hijos de nuestros nietos. Pero al menos, de algo podemos estar seguros: si queremos que la Tierra pueda satisfacer las necesidades de los seres humanos que la habitan, entonces la sociedad humana deberá transformarse. Así, el mundo de mañana deberá ser fundamentalmente diferente del que conocemos hoy, en el crepúsculo del siglo XX y del milenio. Debemos, por consiguiente, trabajar para construir un "futuro viable". La democracia, la equidad y la justicia social, la paz y la armonía con nuestro entorno natural deben ser las palabras claves de este mundo en devenir. Debemos asegurarnos que la noción de "durabilidad" sea la base de nuestra manera de vivir, de dirigir nuestras naciones y nuestras comunidades y de interactuar a nivel global.

En esta evolución hacia los cambios fundamentales de nuestros estilos de vida y nuestros comportamientos, la educación –en su sentido más amplio– juega un papel preponderante. La educación es "la fuerza del futuro", porque ella constituye uno de los instrumentos más poderosos para realizar el cambio. Uno de los desafíos más difíciles será el de modificar nuestro pensamiento de manera que enfrente la complejidad creciente, la rapidez de los cambios y lo imprevisible que caracterizan nuestro mundo. Debemos reconsiderar la organización del conocimiento. Para ello debemos derribar las barreras tradicionales entre las disciplinas y concebir la manera de volver a unir lo que hasta ahora ha estado separado. Debemos reformular nuestras políticas y programas educativos. Al realizar estas reformas es necesario mantener la mirada fija hacia el largo plazo, hacia el mundo de las generaciones futuras frente a las cuales tenemos una enorme responsabilidad.

La UNESCO se ha dedicado a pensar de nuevo la educación en términos de durabilidad, especialmente en su función de encargada del "Programa internacional sobre la educación, la sensibilización del público y la formación para la viabilidad", lanzado en 1996 por la Comisión para el desarrollo sostenible de las Naciones Unidas. Este programa de trabajo enuncia las prioridades aprobadas por los Estados y apela a éstos así como a las organizaciones no gubernamentales, al mundo de los negocios y de la industria, a la comunidad académica, al sistema de las Naciones Unidas, y a las instituciones financieras internacionales para que tomen rápidamente medidas con el fin de poner en práctica el nuevo concepto de educación para un futuro viable y reformar, por consiguiente, las políticas y programas educativos nacionales. En esta empresa, la UNESCO ha sido llamada a ejercer el papel de motor que movilice la acción internacional.

Es así como la UNESCO solicitó a Edgar Morin que expresara sus ideas en la esencia misma de la educación del futuro, en el contexto de su visión del "Pensamiento Complejo". Este texto es, pues, publicado por la UNESCO como contribución al debate internacional sobre la forma de reorientar la educación hacia el desarrollo sostenible. Edgar Morin presenta siete principios clave que él estima necesarios para la educación del futuro. Mi intención es que estas ideas susciten un debate que contribuya a ayudar a educadores y dirigentes a aclarar su propio pensamiento sobre este problema vital.

Mis más especiales agradecimientos van para Edgar Morin por haber aceptado estimular, junto con la UNESCO, una reflexión que facilite dicho debate en el marco del proyecto transdisciplinario "Educación para un futuro sostenible". Expreso igualmente todos mis agradecimientos a los expertos internacionales que han contribuido a enriquecer este texto con sus sugerencias y muy especialmente a Nelson Vallejo-Gómez.

El compromiso y la sabiduría de pensadores eminentes como Edgar Morin son inestimables: ellos ayudan a la UNESCO en su contribución con los cambios profundos de pensamiento indispensables para la preparación del futuro.

Federico Mayor

Prólogo

Este texto antecede cualquier guía o compendio de enseñanza. No es un tratado sobre el conjunto de materias que deben o deberían enseñarse: pretende única y esencialmente exponer problemas centrales o fundamentales que permanecen por completo ignorados u olvidados y que son necesarios para enseñar en el próximo siglo.

Hay siete saberes "fundamentales" que la educación del futuro debería tratar en cualquier sociedad y en cualquier cultura sin excepción alguna ni rechazo según los usos y las reglas propias de cada sociedad y de cada cultura.

Además, el saber científico sobre el cual se apoya este texto para situar la condición humana no sólo es provisional, sino que destapa profundos misterios concernientes al Universo, a la Vida, al nacimiento del Ser Humano. Aquí se abre un *indecidible* en el cual intervienen las opciones filosóficas y las creencias religiosas a través de culturas y civilizaciones.

Los siete saberes necesarios

Capítulo I: *Las cegueras del conocimiento: el error y la ilusión*

- Es muy diciente el hecho de que la educación, que es la que tiende a comunicar los conocimientos, permanezca ciega ante lo que es el conocimiento humano, sus disposiciones, sus imperfecciones, sus dificultades, sus tendencias tanto al error como a la ilusión y no se preocupe en absoluto por hacer conocer lo que es conocer.

- En efecto, el conocimiento no se puede considerar como una herramienta *ready made* que se puede utilizar sin examinar su naturaleza. El conocimiento del conocimiento debe aparecer como una necesidad primera que serviría de preparación para afrontar riesgos permanentes de error y de ilusión que no cesan de parasitar la mente humana. Se trata de armar cada mente en el combate vital para la lucidez.

- Es necesario introducir y desarrollar en la educación el estudio de las características cerebrales, mentales y culturales del conocimiento humano, de sus procesos y modalidades, de las disposiciones tanto síquicas como culturales que permiten arriesgar el error o la ilusión.

Capítulo II: *Los principios de un conocimiento pertinente*

- Existe un problema capital, aún desconocido, cual es el de la necesidad de promover un conocimiento capaz de abordar los problemas globales y fundamentales para inscribir allí los conocimientos parciales y locales.

- La supremacía de un conocimiento fragmentado según las disciplinas impide a menudo operar el vínculo entre las partes y las totalidades y debe dar paso a un modo de conocimiento capaz de aprehender los objetos en sus contextos, sus complejidades, sus conjuntos.

- Es necesario desarrollar la aptitud natural de la inteligencia humana para ubicar todas sus informaciones en un contexto y en un conjunto. Es necesario enseñar los métodos que permiten aprehender las relaciones mutuas y las influencias recíprocas entre las partes y el todo en un mundo complejo.

Capítulo III: *Enseñar la condición humana*

- El ser humano es a la vez físico, biológico, síquico, cultural, social, histórico. Es esta unidad compleja de la naturaleza humana la que está completamente desintegrada en la educación a través de las disciplinas y que imposibilita aprender lo que significa ser humano. Hay que restaurarla de tal manera que cada uno desde donde esté tome conocimiento y conciencia al mismo tiempo de su identidad compleja y de su identidad común a todos los demás humanos.

- Así, la condición humana debería ser objeto esencial de cualquier educación.

- Este capítulo indica cómo, a partir de las disciplinas actuales, es posible reconocer la unidad y la complejidad humanas reuniendo y organizando conocimientos dispersos en las ciencias de la naturaleza, en las ciencias humanas, la literatura y la filosofía y mostrar la unión indisoluble entre la unidad y la diversidad de todo lo que es humano.

Capítulo IV: *Enseñar la identidad terrenal*

- En lo sucesivo, el destino planetario del género humano será otra realidad fundamental ignorada por la educación. El conocimiento de los desarrollos de la era planeraria que van a incrementarse en el siglo XXI y el reconocimiento de la identidad terrenal que será cada vez más indispensable para cada uno y para todos deben convertirse en uno de los mayores objetos de la educación.

- Es pertinente enseñar la historia de la era planetaria que comienza con la comunicación de todos los continentes en el siglo XVI y mostrar cómo se volvieron intersolidarias todas las partes del mundo sin por ello ocultar las opresiones y dominaciones que han asolado a la humanidad y que aún no han desaparecido.

- Habrá que señalar la complejidad de la crisis planetaria que enmarca el siglo XX mostrando que todos los humanos, confrontados desde ahora con los mismos problemas de vida y muerte, viven en una misma comunidad de destino.

Capítulo V: *Enfrentar las incertidumbres*

- Las ciencias nos han hecho adquirir muchas certezas, pero de la misma manera nos han revelado, en el siglo XX, innumerables campos de incertidumbre. La educación debería comprender la enseñanza de las incertidumbres que han aparecido en las ciencias físicas (microfísica, termodinámica, cosmología), en las ciencias de la evolución biológica y en las ciencias históricas.

- Se tendrían que enseñar principios de estrategia que permitan afrontar los riesgos, lo inesperado, lo incierto, y modificar su desarrollo en virtud de las informaciones adquiridas en el camino. Es necesario aprender a navegar en un océano de incertidumbres a través de archipiélagos de certeza.

- La fórmula del poeta griego Eurípides que data de hace 25 siglos está ahora más actual que nunca. *"Lo esperado no se cumple y para lo inesperado un dios abre la puerta"*.

El abandono de los conceptos deterministas de la historia humana que creían poder predecir nuestro futuro, el examen de los grandes acontecimientos y accidentes de nuestro siglo que fueron todos inesperados, el carácter en adelante desconocido de la aventura humana, deben incitarnos a preparar nuestras mentes para esperar lo inesperado y poder afrontarlo. Es imperativo que todos aquellos que tienen la carga de la educación estén a la vanguardia con la incertidumbre de nuestros tiempos.

Capítulo VI: *Enseñar la comprensión*

- La comprensión es al mismo tiempo medio y fin de la comunicación humana. Ahora bien, la educación para la comprensión está ausente de nuestras enseñanzas. El planeta necesita comprensiones mutuas en todos los sentidos. Teniendo en cuenta la importancia de la educación para la comprensión en todos los niveles educativos y en todas las edades, el desarrollo de la comprensión necesita una reforma de las mentalidades. Tal debe ser la tarea para la educación del futuro.

- La comprensión mutua entre humanos, tanto próximos como extraños es en adelante vital para que las relaciones humanas salgan de su estado bárbaro de incomprensión.

- De allí, la necesidad de estudiar la incomprensión desde sus raíces, sus modalidades y sus efectos. Este estudio sería tanto más importante cuanto que se centraría, no sólo en los síntomas, sino en las causas de los racismos, las xenofobias y los desprecios. Constituiría, al mismo tiempo, una de las bases más seguras para la educación por la paz, a la cual estamos ligados por esencia y vocación.

Capítulo VII: *La ética del género humano*

- La educación debe conducir a una "antropo-ética" considerado el carácter ternario de la condición humana cual es el de ser a la vez individuo sociedad especie. En este sentido, la ética individuo/especie necesita un control mutuo de la sociedad por el individuo y del individuo por la sociedad, es decir la democracia; la ética individuo especie convoca la ciudadanía terrestre en el siglo XXI.

- La ética no se podría enseñar con lecciones de moral. Ella debe formarse en las mentes a partir de la conciencia de que el humano es al mismo tiempo individuo, parte de una sociedad, parte de una especie. Llevamos en cada uno de nosotros esta triple realidad. De igual manera, todo desarrollo verdaderamente humano debe comprender el desarrollo conjunto de las autonomías individuales, de las participaciones comunitarias y la conciencia de pertenecer a la especie humana.

- De allí, se esbozan las dos grandes finalidades ético-políticas del nuevo milenio: establecer una relación de control mutuo entre la sociedad y los individuos por medio de la democracia y concebir la Humanidad como comunidad planetaria. La educación debe no sólo contribuir a una toma de conciencia de nuestra *Tierra-Patria*, sino también permitir que esta conciencia se traduzca en la voluntad de realizar la ciudadanía terrenal.

Capítulo I

Las cegueras del conocimiento: El error y la ilusión

Todo conocimiento conlleva el riesgo del error y de la ilusión. La educación del futuro debe afrontar el problema desde estos dos aspectos: error e ilusión. El mayor error sería subestimar el problema del error; la mayor ilusión sería subestimar el problema de la ilusión. El reconocimiento del error y de la ilusión es tan difícil que el error y la ilusión no se reconocen en absoluto.

Error e ilusión parasitan la mente humana desde la aparición del *homo sapiens*. Cuando consideramos el pasado, incluyendo el reciente, sentimos que ha sufrido el dominio de innumerables errores e ilusiones. Marx y Engels enunciaron justamente en *La Ideología Alemana* que los hombres siempre han elaborado falsas concepciones de ellos mismos, de lo que hacen, de lo que deben hacer, del mundo donde viven. Pero ni Marx ni Engels escaparon a estos errores..

1. El talón de Aquiles del conocimiento

La educación debe mostrar que no hay conocimiento que no esté, en algún grado, amenazado por el error y por la ilusión. La teoría de la información muestra que hay un riesgo de error bajo el efecto de perturbaciones aleatorias o ruidos (*noise*), en cualquier transmisión de información, en cualquier comunicación de mensajes.

Un conocimiento no es el espejo de las cosas o del mundo exterior. Todas las percepciones son a la vez traducciones y reconstrucciones cerebrales, a partir de estímulos o signos captados y codificados por los sentidos; de ahí, es bien sabido, los innumerables errores de percepción que sin embargo nos llegan de nuestro sentido más fiable, el de la visión. Al error de percepción se agrega el error intelectual. El conocimiento en forma de palabra, de idea, de teoría, es el fruto de una traducción/reconstrucción mediada por el lenguaje y el pensamiento y por ende conoce el riesgo de error. Este conocimiento en tanto que traducción y reconstrucción implica la interpretación, lo que introduce el riesgo de error al interior de la subjetividad del conociente, de su visión del mundo, de sus principios de conocimiento. De ahí provienen los innumerables errores de concepción y de ideas que sobrevienen a pesar de nuestros controles racionales. La proyección de nuestros deseos o de nuestros miedos, las perturbaciones mentales que aportan nuestras emociones multiplican los riesgos de error.

Se podría creer en la posibilidad de eliminar el riesgo de error rechazando cualquier afectividad. De hecho, el sentimiento, el odio, el amor y la amistad pueden enceguecernos; pero también hay que decir que ya en el mundo mamífero, y sobre todo en el mundo humano, el desarrollo de la inteligencia es inseparable del de la afectividad, es decir de la curiosidad, de la pasión, que son, a su vez, de la competencia de la investigación filosófica o científica.

La afectividad puede asfixiar el conocimiento pero también puede fortalecerlo. Existe una relación estrecha entre la inteligencia y la afectividad: la facultad de razonamiento puede ser disminuida y hasta destruida por un déficit de emoción; el debilitamiento de la capacidad para reaccionar emocionalmente puede llegar a ser la causa de comportamientos irracionales.

Así pues, no hay un estado superior de la razón que domine la emoción sino un bucle *intellect affect*; y de cierta manera la capacidad de emoción es indispensable para el establecimiento de comportamientos racionales.

El desarrollo del conocimiento científico es un medio poderoso de detección de errores y de lucha contra las ilusiones. No obstante, los paradigmas que controlan la ciencia pueden desarrollar ilusiones y ninguna teoría científica está inmunizada para siempre contra el error. Además, el conocimiento científico no puede tratar unicamente los problemas epistemológicos, filosóficos y éticos.

La educación debe entonces dedicarse a la identificación de los orígenes de errores, de ilusiones y de cegueras.

1.1 Los errores mentales

Ningún dispositivo cerebral permite distinguir la alucinación de la percepción, el sueño de la vigilia, lo imaginario de lo real, lo subjetivo de lo objetivo.

La importancia del fantasma y del imaginario en el ser humano es inimaginable; dado que las vías de entrada y de salida del sistema neuro-cerebral que conectan el organismo con el mundo exterior representan sólo el 2% de todo el conjunto, mientras que el 98% implica al funcionamiento interior, se ha constituido en un mundo síquico relativamente independiente donde se fermentan necesidades, sueños, deseos, ideas, imágenes, fantasmas, y este mundo se infiltra en nuestra visión o concepción del mundo exterior.

También existe en cada mente una posibilidad de mentira a sí mismo (*self-deception*) que es fuente permanente de error y de ilusión. El egocentrismo, la necesidad de auto-justificación, la tendencia a proyectar sobre el otro la causa del mal hacen que cada uno se mienta a sí mismo sin detectar esa mentira de la cual, no obstante, es el autor.

Nuestra memoria misma está sujeta a numerosas fuentes de error. Una memoria no regenerada con la remembranza tiende a degradarse; pero cada remembranza la puede adornar o desfigurar. Nuestra mente, de manera inconsciente, tiende a seleccionar los recuerdos que nos convienen y a rechazar, incluso a borrar, los desfavorables; y cada uno puede allí adjudicarse un rol adulador. También tiende a deformar los recuerdos por proyecciones o confusiones inconscientes. Existen, a veces, falsos recuerdos con la persuación de haberlos vivido y también recuerdos que rechazamos porque estamos persuadidos de no haberlos vivido jamás. Así, la memoria, fuente irremplazable de verdad, puede estar sujeta a los errores y a las ilusiones.

1.2 Los errores intelectuales

Nuestros sistemas de ideas (teorías, doctrinas, ideologías) no sólo están sujetos al error sino que también protegen los errores e ilusiones que están inscritos en ellos. Forma parte de la lógica organizadora de cualquier sistema de ideas el hecho de resistir a la información que no conviene o que no se puede integrar. Las teorías resisten a la agresión de las teorías enemigas o de los argumentos adversos. Aunque las teorías científicas sean las únicas en aceptar la posibilidad de ser refutadas, tienden a manifestar esta resistencia. En cuanto a las doctrinas, que son teorías encerradas en sí mismas y absolutamente convencidas de su verdad, éstas son invulnerables a cualquier crítica que denuncie sus errores.

Lo que permite la distinción entre vigilia y sueño, imaginario y real, subjetivo y objetivo, es la actividad racional de la mente que apela al control del entorno (resistencia física del medio al deseo y al imaginario), al control de la práctica (actividad verificadora), al control de la cultura (referencia al saber común), al control del prójimo (¿es que usted ve lo mismo que yo?), al control cerebral (memoria, operaciones lógicas). Dicho de otra manera, es la racionalidad la que corrige.

La racionalidad es el mejor pretil contra el error y la ilusión. Por una parte, está la racionalidad constructiva que elabora teorías coherentes verificando el carácter lógico de la organización teórica, la compatibilidad entre las ideas que componen la teoría, el acuerdo entre sus afirmaciones y los elementos empíricos a los cuales se dedica: esta racionalidad debe permanecer abierta a la discusión para evitar que se vuelva a encerrar en una doctrina y se convierta en racionalización; por otra parte, está la racionalidad crítica que se ejerce particularmente sobre los errores e ilusiones de las creencias, doctrinas y teorías. Pero la racionalidad también lleva en su seno una posibilidad de error y de ilusión cuando se pervierte en racionalización como se acaba de indicar. La racionalización se cree racional porque constituye un sistema lógico perfecto basado en la deducción o la inducción; pero ella se funda sobre bases mutiladas o falsas y se niega a la discusión de argumentos y a la verificación empírica. La racionalización es cerrada, la racionalidad es abierta. La racionalización toma las mismas fuentes de la racionalidad, pero constituye una de las fuentes de errores y de ilusiones más poderosa. De esta manera, una doctrina que obedece a un modelo mecanicista y determinista para considerar el mundo no es racional sino racionalizadora.

La verdadera racionalidad, abierta por naturaleza, dialoga con una realidad que se le resiste. Ella opera un ir y venir incesante entre la instancia lógica y la instancia empírica; es el fruto del debate argumentado de las ideas y no la propiedad de un sistema de ideas. Un racionalismo que ignora los seres, la subjetividad, la afectividad, la vida es irracional. La racionalidad debe reconocer el lado del afecto, del amor, del arrepentimiento. La verdadera racionalidad conoce los límites de la lógica, del determinismo, del mecanismo; sabe que la mente humana no podría ser omnisciente, que la realidad comporta misterio; ella negocia con lo irracionalizado, lo oscuro, lo irracionalizable; no sólo es crítica sino autocrítica. Se reconoce la verdadera racionalidad por la capacidad de reconocer sus insuficiencias.

La racionalidad no es una cualidad con la que están dotadas las mentes de los científicos y técnicos y de la cual están desprovistos los demás. Los sabios atomistas, racionales en su área de competencia y bajo la coacción del laboratorio, pueden ser completamente irracionales en política o en su vida privada.

Así mismo, la racionalidad no es una cualidad de la cual dispondría en monopolio la civilización occidental. Durante mucho tiempo, el Occidente europeo se creyó dueño de la racionalidad, sólo veía errores, ilusiones y retrasos en las otras culturas y juzgaba cualquier cultura en la medida de sus resultados tecnológicos. Ahora bien, debemos saber que en toda sociedad, comprendida la arcaica, hay racionalidad tanto en la confección de herramientas, estrategia para la caza, conocimiento de las plantas, de los animales, del terreno como la hay en el mito, la magia, la religión. En nuestras sociedades occidentales también hay presencia de mitos, de magia, de religión, incluyendo el mito de una razón providencial e incluyendo también una religión del progreso. Comenzamos a ser verdaderamente racionales cuando reconocemos la racionalización incluida en nuestra racionalidad y cuando reconocemos nuestros propios mitos entre los cuales el mito de nuestra razón todopoderosa y el del progreso garantizado.

Es necesario entonces, reconocer en la educación para el futuro un *principio de incertidumbre racional*: si no mantiene su vigilante autocrítica, la racionalidad arriesga permanentemente a caer en la ilusión racionalizadora; es decir que la verdadera racionalidad no es solamente teórica ni crítica sino también autocrítica.

1.4 LAS CEGUERAS PARADIGMÁTICAS

El juego de la verdad y del error no sólo se juega en la verificación empírica y la coherencia lógica de las teorías; también se juega a fondo en la zona invisible de los paradigmas. Esto lo debe tener bien en cuenta la educación.

Un paradigma puede ser definido por:

*   *La promoción/selección de los conceptos maestros de la inteligibilidad.* Así, el *Orden* en las concepciones deterministas, la *Materia* en las concepciones materialistas, el *Espíritu* en las concepciones espiritualistas, la *Estructura* en las concepciones estructuralistas son los conceptos maestros seleccionados/ seleccionantes que excluyen o subordinan los conceptos que les son antinómicos (el desorden, el espíritu, la materia, el acontecimiento). De este modo, el nivel paradigmático es el del principio de selección de las ideas que están integradas en el discurso o en la teoría o que son apartadas y rechazadas.

*   *La determinación de las operaciones lógicas maestras.* El paradigma está oculto bajo la lógica y selecciona las operaciones lógicas que se vuelven a la vez preponderantes, pertinentes y evidentes bajo su imperio (exclusión-inclusión, disyunción-conjunción, implicación-negación). Es el paradigma quien otorga el privilegio a ciertas operaciones lógicas a expensas de otras como la disyunción, en detrimento de la conjunción; es él quien da validez y universalidad a la lógica que ha elegido. Por eso mismo, da a los discursos y a las teorías que controla las características de necesidad y verdad. Por su prescripción y su proscripción,

el paradigma funda el axioma y se expresa en el axioma (*"todo fenómeno natural obedece al determinismo"*, *"todo fenómeno propiamente humano se define por oposición a la naturaleza"*...).

Así pues, el paradigma efectúa la selección y la determinación de la conceptualización y de las operaciones lógicas. Designa las categorías fundamentales de la inteligibilidad y efectúa el control de su empleo. Los individuos conocen, piensan y actúan según los paradigmas inscritos culturalmente en ellos.

Tomemos un ejemplo: Hay dos paradigmas opuestos concernientes a la relación *hombre naturaleza*. El primero incluye lo humano en la naturaleza y cualquier discurso que obedezca a este paradigma hace del hombre un ser natural y reconoce la "naturaleza humana". El segundo paradigma prescribe la disyunción entre estos dos términos y determina lo que hay de específico en el hombre por exclusión a la idea de naturaleza. Estos dos paradigmas opuestos tienen en común la obediencia de ambos a un paradigma aún más profundo que es el paradigma de simplificación, el cual, ante cualquier complejidad conceptual, prescribe bien sea la reducción (aquí de lo humano a lo natural) o la disyunción (aquí entre lo humano y lo natural). Uno y otro paradigma impiden concebir la *unidualidad* (natural cultural, cerebral síquica) de la realidad humana e impiden igualmente concebir la relación a la vez de implicación y de separación entre el hombre y la naturaleza. Sólo un paradigma complejo de implicación/distinción/conjunción permitiría tal concepción; pero ese aún no está inscrito en la cultura científica.

El paradigma juega un rol al mismo tiempo subterráneo y soberano en cualquier teoría, doctrina o ideología. El paradigma es inconsciente pero irriga el pensamiento consciente, lo controla y, en ese sentido, es también sur-consciente.

En resumen, el paradigma instaura las relaciones primordiales que constituyen los axiomas, determina los conceptos, impone los discursos y/o las teorías, organiza la organización de los mismos y genera la generación o la regeneración.

Se debe evocar aquí el "gran paradigma de Occidente" formulado por Descartes e impuesto por los desarrollos de la historia europea desde el siglo XVII. El paradigma cartesiano separa al sujeto del objeto con una esfera propia para cada uno: la filosofía y la investigación reflexiva por un lado, la ciencia y la investigación objetiva por el otro. Esta disociación atraviesa el universo de un extremo al otro:

Sujeto / Objeto
Alma / Cuerpo
Espíritu / Materia
Calidad / Cantidad
Finalidad / Causalidad
Sentimiento / Razón
Libertad/Determinismo
Existencia/Esencia

Se trata perfectamente de un paradigma: él determina los Conceptos soberanos y prescribe la relación lógica: la disyunción. La no-obediencia a esta disyunción sólo puede ser clandestina, marginada, desviada. Este paradigma determina una doble visión del mundo, en realidad, un desdoblamiento del mismo mundo: por un lado, un mundo de objetos sometidos a observaciones, experimentaciones, manipulaciones; por el otro, un mundo de sujetos planteándose problemas de existencia, de comunicación, de conciencia, de destino. Así, un paradigma puede al mismo tiempo dilucidar y cegar, revelar y ocultar. Es en su seno donde se encuentra escondido el problema clave del juego de la verdad y del error.

2. El imprinting y la normalización

Al determinismo de los paradigmas y modelos explicativos se asocia el determinismo de las convicciones y creencias que, cuando reinan en una sociedad, imponen a todos y a cada uno la fuerza imperativa de lo sagrado, la fuerza normalizadora del dogma, la fuerza prohibitiva del tabú. Las doctrinas e ideologías dominantes disponen igualmente de la fuerza imperativa que anuncia la evidencia a los convencidos y la fuerza cohercitiva que suscita el miedo inhibidor en los otros.

El poder imperativo y prohibitivo de los paradigmas, creencias oficiales, doctrinas reinantes, verdades establecidas determina los estereotipos cognitivos, ideas recibidas sin examen, creencias estúpidas no discutidas, absurdos triunfantes, rechazos de evidencias en nombre de la evidencia y hace reinar bajo los cielos conformismos cognitivos e intelectuales.

Todas las determinaciones sociales-económicas-políticas (poder, jerarquía, división de clases, especialización y, en nuestros tiempos modernos, tecno-burocratización del trabajo) y todas las determinaciones culturales convergen y se sinergizan para encarcelar al conocimiento en un multi-determinismo de imperativos, normas, prohibiciones, rigideces, bloqueos.

Bajo el conformismo cognitivo hay mucho más que conformismo. Hay un *imprinting cultural,* huella matricial que inscribe a fondo el conformismo y hay una *normalización* que elimina lo que ha de discutirse. El *imprinting* es un término que Konrad Lorentz propuso para dar cuenta de la marca sin retorno que imponen las primeras experiencias del joven animal (como en el pajarillo que saliendo del huevo toma al primer ser viviente a su alcance como madre; es lo que ya nos había contado Andersen a su manera en la historia de *El Patito Feo).* El *imprinting* cultural marca los humanos desde su nacimiento, primero con el sello de la cultura

familiar, luego con el de la escolar, y después con la universidad
o en el desempeño profesional.

Así, la selección sociológica y cultural de las ideas raramente
obedece a su verdad; o, por el contrario, puede ser implacable con
la búsqueda de verdad.

3. La noología: posesión

Marx decía justamente:

> *los productos del cerebro humano tienen el aspecto
> de seres independientes dotados con cuerpos par-
> ticulares en comunicación con los humanos y entre
> ellos.*

Es más, las creencias y las ideas no sólo son productos de la mente, también son seres mentales que tienen vida y poder. De esta
manera, ellas pueden poseernos.

Debemos ser bien conscientes que desde el comienzo de la humanidad nació la noósfera —esfera de las cosas del espíritu— con el
despliegue de los mitos, de los dioses; la formidable sublevación
de estos seres espirituales impulsó y arrastró al *homo sapiens* hacia
delirios, masacres, crueldades, adoraciones, éxtasis, sublimidades
desconocidas en el mundo animal. Desde entonces, vivimos en
medio de una selva de mitos que enriquecen las culturas.

Procedente por completo de nuestras almas y de nuestras mentes,
la noósfera está en nosotros y nosotros estamos en la noósfera.
Los mitos han tomado forma, consistencia, realidad a partir de
fantasmas formados por nuestros sueños y nuestras imaginaciones.
Las ideas han tomado forma, consistencia, realidad a partir de los
símbolos y de los pensamientos de nuestras inteligencias. Mitos
e Ideas han vuelto a nosotros, nos han invadido, nos han dado
emoción, amor, odio, éxtasis, furor. Los humanos poseídos son

capaces de morir o de matar por un dios, por una idea. Todavía al comienzo del tercer milenio, como los *daimons* de los Griegos y a veces como los demonios del Evangelio, nuestros demonios "de ideas" nos arrastran, sumergen nuestra conciencia, nos hacen inconscientes dándonos la ilusión de ser hiper conscientes.

Las sociedades domestican a los individuos por los mitos y las ideas, las cuales a su vez domestican las sociedades y los individuos, pero los individuos podrían recíprocamente domesticar sus ideas al mismo tiempo que podrían controlar la sociedad que los controla. En el juego tan complejo (complementario-antagonista-incierto) de esclavitud-explotación-parasitismos mutuos entre las tres instancias *(individuo sociedad noósfera)* tal vez haya lugar para una búsqueda simbiótica. No se trata de ninguna manera de tener como ideal la reducción de las ideas a meros instrumentos y a hacer de ellos cosas. Las ideas existen por y para el hombre, pero el hombre existe también por y para las ideas; nos podemos servir de ellas sólo si sabemos también servirles. ¿No sería necesario tomar conciencia de nuestras enajenaciones para poder dialogar con nuestras ideas, controlarlas tanto como ellas nos controlan y aplicarles pruebas de verdad y de error?

Una idea o una teoría no debería ser pura y simplemente instrumentalizada, ni imponer sus veredictos de manera autoritaria; ella debería relativizarse y *domesticarse*. Una teoría debe ayudar y orientar las estrategias cognitivas conducidas por los sujetos humanos.

Nos es muy difícil distinguir el momento de separación y de oposición entre aquello que ha salido de la misma fuente: la *Idealidad*, modo de existencia necesario a la Idea para traducir lo real, y el *Idealismo*, toma de posesión de lo real por la idea; la racionalidad, dispositivo de diálogo entre la idea y lo real; y la racionalización que impide este mismo diálogo. Igualmente, existe una gran dificultad para reconocer el mito oculto bajo el label de ciencia o razón.

Una vez más, vemos que el principal obstáculo intelectual para el conocimiento se encuentra en nuestro medio intelectual de conocimiento. Lenin dijo que los hechos eran inflexibles. El no había visto que la idea fija y la idea-fuerza, o sea las suyas, eran aún más inflexibles. El mito y la ideología destruyen y devoran los hechos.

Sin embargo, son las ideas las que nos permiten concebir las carencias y los peligros de la idea. De allí, la paradoja ineludible: *debemos llevar una lucha crucial contra las ideas, pero no podemos hacerlo más que con la ayuda de las ideas.* No debemos nunca dejar de mantener el papel mediador de nuestras ideas y debemos impedirles su identificación con lo real. Sólo debemos reconocer, como dignas de fe, las ideas que conllevan la idea de que lo real resiste a la idea. Esta es la tarea indispensable en la lucha contra la ilusión.

4. Lo inesperado...

Lo inesperado nos sorprende porque nos hemos instalado con gran seguridad en nuestras teorías, en nuestras ideas y, éstas no tienen ninguna estructura para acoger lo nuevo. Lo nuevo brota sin cesar; nunca podemos predecir cómo se presentará, pero debemos contar con su llegada, es decir contar con lo inesperado (cf. Capítulo V *Enfrentar las incertidumbres*). Y, una vez sobrevenga lo inesperado, habrá que ser capaz de revisar nuestras teorías e ideas en vez de dejar entrar por la fuerza el hecho nuevo en la teoría la cual es incapaz de acogerlo verdaderamente.

5. La incertidumbre del conocimiento

¡Cuantas fuentes, causas de error y de ilusión múltiples y renovadas sin cesar en todos los conocimientos!

Por eso la necesitad para cualquier educación de despejar los grandes interrogantes sobre nuestra posibilidad de conocer. Practicar estas interrogaciones se constituye en oxígeno para cualquier empresa de conocimiento. Así como el oxígeno destruía los seres vivos primitivos hasta que la vida utilizó este corruptor como desintoxicante, igual la incertidumbre que destruye el conocimiento simplista, es el desintoxicante del conocimiento complejo. De todas formas, el conocimiento queda como una aventura para la cual la educación debe proveer los viáticos indispensables.

El conocimiento del conocimiento que conlleva la integración del conociente en su conocimiento debe aparecer ante le educación como un principio y una necesidad permanente.

Debemos comprender que hay condiciones bio-antropológicas (las aptitudes del *cerebro mente* humano), condiciones socio-culturales (la cultura abierta que permite los diálogos e intercambios de ideas) y condiciones noológicas (las teorías abiertas) que permiten "verdaderos" interrogantes, esto es, interrogantes fundamentales sobre el mundo, sobre el hombre y sobre el conocimiento mismo.

Debemos comprender que, en la búsqueda de la verdad, las actividades auto-observadoras deben ser inseparables de las actividades observadoras, las autocríticas inseparables de las críticas, los procesos reflexivos inseparables de los procesos de objetivación.

Debemos aprender que la búsqueda de la verdad necesita la búsqueda y elaboración de meta-puntos de vista que permitan la reflexibidad, que conlleven especialmente la integración del observador-conceptualizador en la observación-concepción y la ecologización de la observación-concepción en el contexto mental y cultural que es el suyo.

También podemos aprovechar el enajenamiento que nos hacen experimentar las ideas para dejarnos poseer justamente por las ideas de crítica, de autocrítica, de apertura, de complejidad. Las ideas que argumento aquí no sólo las poseo, me poseen.

En general, debemos intentar jugar con la doble enajenación, la de las ideas por nuestra mente, la de nuestra mente por las ideas para lograr formas donde la esclavitud mutua mejoraría la convivencia.

He aquí un problema clave: instaurar la convivencia con nuestras ideas así como con nuestros mitos.

La mente humana debe desconfiar de sus productos "de ideas" los cuales son al mismo tiempo vitalmente necesarios. Necesitamos un control permanente para evitar idealismo y racionalización. Necesitamos negociaciones y controles mutuos entre nuestras mentes y nuestras ideas. Necesitamos intercambios y comunicaciones entre las diferentes regiones de nuestra mente. Hay que tomar conciencia del *eso* y del *se* que hablan a través del *yo*, y hay que estar alertas permanentemente para tratar de detectar la mentira a sí mismo.

Necesitamos civilizar nuestras teorías, o sea una nueva generación de teorías abiertas, racionales, críticas, reflexivas, autocríticas, aptas para auto-reformarnos.

Necesitamos encontrar los meta-puntos de vista sobre la noósfera, los cuales no pueden suceder más que con la ayuda de ideas complejas, en cooperación con nuestras mismas mentes buscando los meta-puntos de vista para auto-observarnos y concebirnos.

Necesitamos que se cristalice y se radique un paradigma que permita el conocimiento complejo.

Las posibilidades de error y de ilusión son múltiples y permanentes: las que vienen del exterior cultural y social inhiben la autonomía del pensamiento y prohiben la búsqueda de verdad; aquellas que vienen del interior, encerradas a veces en el seno de nuestros mejores medios de conocimiento, hacen que los pensamientos se equivoquen entre ellos y sobre sí mismos.

¡ Cuantos sufrimientos y desorientaciones se han causado por los errores y las ilusiones a lo largo de la historia humana y de manera aterradora en el siglo XX! Igualmente, el problema cognitivo tiene importancia antropológica, política, social e histórica. Si pudiera haber un progreso básico en el siglo XXI sería que ni los hombres ni las mujeres siguieran siendo juguetes inconscientes de sus ideas y de sus propias mentiras. Es un deber importante de la educación armar a cada uno en el combate vital para la lucidez.

Capítulo II

Los principios de
un conocimiento pertinente

1. De la pertinencia en el conocimiento

El conocimiento de los problemas claves del mundo, de las informaciones claves concernientes al mundo, por aleatorio y difícil que sea, debe ser tratado so pena de imperfección cognitiva, más aún cuando el contexto actual de cualquier conocimiento político, económico, antropológico, ecológico... es el mundo mismo. La era planetaria necesita situar todo en el contexto y en la complejidad planetaria. El conocimiento del mundo, en tanto que mundo, se vuelve una necesidad intelectual y vital al mismo tiempo. Es el problema universal para todo ciudadano del nuevo milenio: *¿cómo lograr el acceso a la información sobre el mundo y cómo lograr la posibilidad de articularla* *y organizarla? ¿Cómo percibir y concebir el Contexto, lo Global (la relación todo/partes), lo Multidimensional, lo Complejo?* Para articular y organizar los conocimientos y así reconocer y conocer los problemas del mundo, es necesaria una reforma de pensamiento. Ahora bien, esta reforma es paradigmática y no programática: es la pregunta fundamental para la educación ya que tiene que ver con nuestra aptitud para organizar el conocimiento.

A este problema universal está enfrentada la *educación del futuro* porque hay una inadecuación cada vez más amplia, profunda y grave por un lado entre nuestros saberes desunidos, divididos, compartimentados y por el otro, realidades o problemas cada vez más poli disciplinarios, transversales, multidimensionales, transnacionales, globales, planetarios.

En esta inadecuación devienen invisibles:

- El contexto
- Lo global
- Lo multidimensional
- Lo complejo

Para que un conocimiento sea pertinente, la educación deberá entonces evidenciar:

1.1 El contexto

El conocimiento de las informaciones o elementos aislados es insuficiente. Hay que ubicar las informaciones y los elementos en su contexto para que adquieran sentido. Para tener sentido la palabra necesita del texto que es su propio contexto y el texto necesita del contexto donde se enuncia. Por ejemplo, la palabra "amor" cambia de sentido en un contexto religioso y en uno profano; y una declaración de amor no tiene el mismo sentido de verdad si está enunciada por un seductor o por un seducido.

Claude Bastien anota que *"la evolución cognitiva no se dirige hacia la elaboración de conocimientos cada vez más abstractos, sino por el contrario, hacia su contextualización"* [1] la cual determina las condiciones de su inserción y los límites de su validez. Bastien agrega que *"la contextualización es una condición esencial de la eficacia* (del funcionamiento cognitivo)".

1.2 Lo global (las relaciones entre el todo y las partes)

Lo global es más que el contexto, es el conjunto que contiene partes diversas ligadas de manera inter-retroactiva u organizacional. De esa manera, una sociedad es más que un contexto, es un todo organizador del cual hacemos parte nosotros. El Planeta Tierra es más que un contexto, es un todo a la vez organizador y desorganizador del cual hacemos parte. El todo tiene cualidades o propiedades que no se encontrarían en las partes si éstas se separaran las unas de las otras y ciertas cualidades o propiedades de las partes pueden ser inhibidas por las fuerzas que salen del todo. Marcel Mauss decía: *"Hay que recomponer el todo"*. Efectivamente, hay que recomponer el todo para conocer las partes.

De allí viene la virtud cognitiva del principio de Pascal del cual deberá inspirarse la educación del futuro: *"todas las cosas siendo causadas y causantes, ayudadas y ayudantes, mediatas e inmediatas y todas sostenidas por una unión natural e insensible que liga las más alejadas y las más diferentes, creo imposible conocer las partes sin conocer el todo y tampoco conocer el todo sin conocer particularmente las partes"*[2]

---

1. Claude Bastien *Le décalage entre logique et connaissance*, en Courrier du CNRS, N° 79 Ciencias cognitivas, octubre de 1992.

2. Pascal, *Pensamientos, texto producido por Léon Brunschwicg*, ed. Garnier-Flammarion, París, 1976.

Además, tanto en el ser humano como en los demás seres vivos, hay presencia del todo al interior de las partes: cada célula contiene la totalidad del patrimonio genético de un organismo policelular; la sociedad como un todo está presente en el interior de cada individuo en su lenguaje, su saber, sus obligaciones, sus normas. Así mismo, como cada punto singular de un holograma contiene la totalidad de la información de lo que representa, cada célula singular, cada individuo singular contiene de manera holográmica el todo del cual hace parte y que al mismo tiempo hace parte de él.

1.3 Lo multidimensional

Las unidades complejas, como el ser humano o la sociedad, son multidimensionales; el ser humano es a la vez biológico, síquico, social, afectivo, racional. La sociedad comporta dimensiones históricas, económicas, sociológicas, religiosas... El conocimiento pertinente debe reconocer esta multidimensionalidad e incertar allí sus informaciones: se podría no solamente aislar una parte del todo sino las partes unas de otras; la dimensión económica, por ejemplo, está en inter-retroacciones permanentes con todas las otras dimensiones humanas; es más, la economía conlleva en sí, de manera holográmica: necesidades, deseos, pasiones humanas, que sobrepasan los meros intereses económicos.

1.4 Lo complejo

El conocimiento pertinente debe enfrentar la complejidad. *Complexus* significa lo que está tejido junto; en efecto, hay complejidad cuando son inseparables los elementos diferentes que constituyen un todo (como el económico, el político, el sociológico, el sicológico, el afectivo, el mitológico) y que existe un tejido interdependiente, interactivo e inter-retroactivo entre el objeto de conocimiento y su contexto, las partes y el todo, el todo y las partes, las partes entre ellas. Por esto, la complejidad es la unión entre la unidad y la multiplicidad. Los desarrollos propios a nuestra era planetaria nos enfrentan cada vez más y de manera cada vez más ineluctable a los desafíos de la complejidad.

En consecuencia, la educación debe promover una "inteligencia general" apta para referirse, de manera multidimensional, a lo complejo, al contexto en una concepción global.

2. La inteligencia general

La mente humana, como decía H. Simon, es un G.P.S., *"General Problems Setting and Solving"*. Contrario a la opinión difundida de que el desarrollo de las aptitudes generales de la mente permite un mejor desarrollo de las competencias particulares o especializadas. Entre más poderosa sea la inteligencia general más grande es su facultad para tratar problemas especiales. La comprensión de elementos particulares necesita, así, la activación de la inteligencia general que opera y organiza la movilización de los conocimientos de conjunto en cada caso particular.

El conocimiento, buscando su construcción en relación con el contexto, con lo global, con lo complejo, debe movilizar lo que el conociente sabe del mundo. François Recanati decía: *"La comprensión de los enunciados, lejos de reducirse a una mera y simple decodificación, es un proceso no modular de interpretación que moviliza la inteligencia general y apela ampliamente al conocimiento del mundo"*. De esta manera, existe correlación entre la movilización de los conocimientos de conjunto y la activación de la inteligencia general.

La educación debe favorecer la aptitud natural de la mente para hacer y resolver preguntas esenciales y correlativamente estimular el empleo total de la inteligencia general. Este empleo máximo necesita el libre ejercicio de la facultad más expandida y más viva en la infancia y en la adolescencia: la curiosidad, la cual, muy a menudo, es extinguida por la instrucción, cuando se trata por el contrario, de estimularla o, si está dormida, de despertarla.

En la misión de promover la inteligencia general de los individuos, la educación del futuro debe utilizar los conocimientos existentes, superar las antinomias provocadas por el progreso en los conocimientos especializados (cf. 2.1) a la vez que identificar la falsa racionalidad (cf. 3.3).

2.1 La antinomia

Progresos gigantescos en los conocimientos han sido efectuados en el marco de las especializaciones disciplinarias en el transcurso del siglo XX. Pero estos progresos están dispersos, desunidos, debido justamente a esta especialización que a menudo quebranta los contextos, las globalidades, las complejidades. Por esta razón, enormes obstáculos se han acumulado para impedir el ejercicio del conocimiento pertinente en el seno mismo de nuestros sistemas de enseñanza.

Estos sistemas operan la disyunción entre las humanidades y las ciencias y la separación de las ciencias en disciplinas hiper especializadas concentradas en sí mismas.

Las realidades globales, complejas, se han quebrantado; lo humano se ha dislocado; su dimensión biológica, incluyendo el cerebro, está encerrada en los departamentos biológicos; sus dimensiones síquica, social, religiosa, económica están relegadas y separadas las unas de las otras en los departamentos de ciencias humanas; sus carácteres subjetivos, existenciales, poéticos se encuentran acantonados en los departamentos de literatura y poesía. La filosofía que es, por naturaleza, una reflexión sobre todos los problemas humanos se volvió a su vez un campo encerrado en sí mismo.

Los problemas fundamentales y los problemas globales son evacuados de las ciencias disciplinarias. Sólo son protegidos por la filosofía pero dejan de alimentarse de los aportes de las ciencias.

En estas condiciones, las mentes formadas por las disciplinas pierden sus aptitudes naturales para contextualizar los saberes tanto como para integrarlos en sus conjuntos naturales. El debilitamiento de la percepción de lo global conduce al debilitamiento de la responsabilidad (cada uno tiende a responsabilizarse solamente de su tarea especializada) y al debilitamiento de la solidaridad (ya nadie siente vínculos con sus conciudadanos).

3. Los problemas esenciales

3.1 Disyunción y especialización cerrada

De hecho, la hiper especialización[3] impide ver tanto lo global (que fragmenta en parcelas) como lo esencial (que disuelve); impide inclusive, tratar correctamente los problemas particulares que sólo pueden ser planteados y pensados en un contexto. Los problemas esenciales nunca son parcelados y los problemas globales son cada vez más esenciales. Mientras que la cultura general incita a la búsqueda de la contextualización de cualquier información o de cualquier idea, la cultura científica y técnica disciplinaria parcela, desune y compartimenta los saberes haciendo cada vez más difícil su contextualización.

Al mismo tiempo, la división de las disciplinas imposibilita coger "lo que está tejido en conjunto", es decir, según el sentido original del término, lo complejo.

El conocimiento especializado es una forma particular de abstracción. La especialización "abs-trae", en otras palabras, extrae un objeto de su contexto y de su conjunto, rechaza los lazos y las intercomunicaciones con su medio, lo inserta en un sector

---

3.   Es decir la especialización que se encierra en sí misma sin permitir su integración en una problemática global o una concepción de conjunto del objeto del cual no considera sino un aspecto o una parte.

conceptual abstracto que es el de la disciplina compartimentada cuyas fronteras resquebrajan arbitrariamente la sistemicidad (relación de una parte con el todo) y la multidimensionalidad de los fenómenos; conduce a una abstracción matemática que opera en sí misma una escisión con lo concreto, privilegiando todo cuanto es calculable y formalizable.

La economía, por ejemplo, que es la ciencia social matemáticamente más avanzada, es la ciencia social y humanamente más atrasada puesto que se ha abstraído de las condiciones sociales, históricas, políticas, sicológicas, ecológicas inseparables de las actividades económicas. Por eso sus expertos son cada vez más incapaces de interpretar las causas y consecuencias de las perturbaciones monetarias y bursátiles, de prever y predecir el curso económico incluso a corto plazo. El error económico se convierte, entonces, en la primera consecuencia de la ciencia económica.

3.2 Reducción y disyunción

Hasta mediados del siglo XX, la mayoría de las ciencias obedecían al principio de reducción que disminuye el conocimiento de un todo al conocimiento de sus partes, como si la organización de un todo no produjece cualidades o propiedades nuevas con relación a las partes consideradas aisladamente.

El principio de reducción conduce naturalmente a restringir lo complejo a lo simple. Aplica a las complejidades vivas y humanas la lógica mecánica y determinista de la máquina artificial. También puede enceguecer y conducir a la eliminación de todo aquello que no sea cuantificable ni medible, suprimiendo así lo humano de lo humano, es decir las pasiones, emociones, dolores y alegrías. Igualmente, cuando obedece estrictamente al postulado determinista, el principio de reducción oculta el riesgo, la novedad, la invención.

Como nuestra educación nos ha enseñado a separar, compartimentar, aislar y no a ligar los conocimientos, el conjunto de estos constituye un rompecabezas ininteligible. Las interacciones, las retroacciones, los contextos, las complejidades que se encuentran en el *no man's land* entre las disciplinas se vuelven invisibles. Los grandes problemas humanos desaparecen para el beneficio de los problemas técnicos y particulares. La incapacidad de organizar el saber disperso y compartimentado conduce a la atrofia de la disposición mental natural para contextualizar y globalizar.

La inteligencia parcelada, compartimentada, mecanista, disyuntiva, reduccionista, rompe lo complejo del mundo en fragmentos separados, fracciona los problemas, separa lo que esta unido, unidimensionaliza lo multidimensional. Es una inteligencia miope que termina normalmente por enceguecerse. Destruye desde el óvulo las posibilidades de comprensión y de reflexión; reduce las oportunidades de un juicio correctivo o de una visión a largo plazo. Por ello, entre más multidimensionales se vuelven los problemas más incapacidad hay de pensar su multidimensionalidad; más progresa la crisis; más progresa la incapacidad para pensar la crisis; entre más planetarios se vuelven los problemas, más impensables son. Incapaz de proyectar el contexto y el complejo planetario, la inteligencia ciega se vuelve inconsciente e irresponsable.

3.3. La falsa racionalidad

Dan Simmons supone en su tetralogía de ciencia ficción (en *Hypérion* y su continuación) que un tecno-centro proveniente de la emancipación de las técnicas y dominado por las I.A. (inteligencias artificiales), se esfuerza por controlar a los humanos. El problema de los humanos es el de aprovechar las técnicas pero no de subordinarse a ellas.

Ahora bien, estamos en vía de una subordinación a las I.A. instaladas profundamente en las mentes en forma de pensamiento tecnocrático; este pensamiento, pertinente para todo lo relacionado con máquinas artificiales, es impertinente para comprender lo vivo y lo humano, creyéndose además el único racional.

De hecho, la falsa racionalidad, es decir la racionalización abstracta y unidimensional triunfa sobre las tierras[4]. Por todas partes y durante decenas de años, soluciones presuntamente racionales, sugeridas por expertos convencidos de estar obrando en bien de la razón y el progreso, y de no encontrar más que supersticiones en las costumbres y miedos de las poblaciones, han empobrecido enriqueciendo, han destruido creando. Por todo el planeta, el hecho de roturar y arrasar árboles en millones de hectáreas contribuye al desequilibrio hídrico y a la desertización de las tierras. Si no se regulan las talas enceguecidas, éstas podrían transfomar, por ejemplo, las fuentes tropicales del Nilo en cursos de aguas secas las tres cuartas partes del año y agotar la Amazonía. Los grandes monocultivos han eliminado los pequeños policultivos de subsis-

---

4.   Ha habido buenas intensiones en ese triunfo de la racionalidad, las cuales producen a largo plazo efectos nocivos que contrarrestan, y hasta sobrepasan, los efectos benéficos. Así, *La Revolución Verde* promovida para conservar el Tercer Mundo ha incrementado considerablemente las fuentes alimenticias y ha permitido evitar de manera notable la escasez; sin embargo, se ha tenido que revisar la idea inicial, aparentemente racional pero de manera abstracta maximizante, de seleccionar y multiplicar sobre vastas superficies un solo genoma vegetal -el más productivo cuantitativamente-. Resulto que la ausencia de variedad genética permitía al agente patógeno, el cual no podía resistir este genoma, aniquilar toda una cocecha en la misma temporada. Entonces, ha habido que reestablecer una cierta variedad genética con el fin de optimizar los rendimientos y no de maximizarlos. Por otra parte, los derrames masivos de abonos que degradan los suelos, las irrigaciones que no tienen en cuenta el tipo de terreno provocando su erosión, la acumulación de pesticidas, destruyen la regulación entre las especies, eliminando lo últil al mismo tiempo que lo perjudicial, provocando incluso a veces la multiplicación desenfrenada de una especie nociva inmune a los pesticidas; además, las substancias toxicas contenidas en los pesticidas pasan a los alimentos y alteran la salud de los consumidores.

tencia agravando la escacez y determinando el éxodo rural y los asentamientos urbanos. Como dice François Garczynski, *"esa agricultura crea desiertos en el doble sentido del término -erosión de los suelos y éxodo rural"*. La seudo-funcionalidad que no tiene en cuenta necesidades no cuantificables y no identificables ha multiplicado los suburbios y las ciudades nuevas convirtiéndolos rápidamente en lugares aislados, aburridos, sucios, degradados, abandonados, despersonalizados y de delincuencia. Las obras maestras más monumentales de esta racionalidad tecno-burocrática han sido realizadas por la ex-URSS: allí, por ejemplo, se ha desviado el cauce de los ríos para irrigar, incluso en las horas más cálidas, hectáreas sin árboles de cultivos de algodón, lo que ha hecho subir al suelo la sal de la tierra, volatilizar las aguas subterráneas y desecar el mar de Aral. Las degradaciones fueron más graves en la URSS que en el Oeste debido a que en la URSS las tecno-burocracias no tuvieron que sufrir la reacción de los ciudadanos. Desafortunadamente, después de la caída del imperio, los dirigentes de los nuevos Estados llamaron a expertos liberales del Oeste que ignoran de manera deliberada que una economía competitiva de mercado necesita instituciones, leyes y reglas; e incapaces de elaborar la indispensable estrategia compleja, que como ya lo había indicado Maurice Allais –no obstante, economista liberal– implicaba planificar la desplanificación y programar la desprogramación, provocaron nuevos desastres.

De todo esto resultan catástrofes humanas cuyas víctimas y consecuencias no son reconocidas ni contabilizadas como lo son las víctimas de las catástrofes naturales.

Así, el siglo XX ha vivido bajo el reino de una seudo-racionalidad que ha presumido ser la única, pero que ha atrofiado la comprensión, la reflexión y la visión a largo plazo. Su insuficiencia para tratar los problemas más graves ha constituido uno de los problemas más graves para la humanidad.

De allí la paradoja: el siglo XX ha producido progresos gigantescos en todos los campos del conocimiento científico, así como en todos los campos de la técnica; al mismo tiempo, ha producido una nueva ceguera hacia los problemas globales, fundamentales y complejos, y esta ceguera ha generado innumerables errores e ilusiones comenzando por los de los científicos, técnicos y especialistas.

¿Por qué? Porque se desconocen los principios mayores de un conocimiento pertinente. La parcelación y la compartimentación de los saberes impide coger "lo que está tejido en conjunto".

¿No debería el nuevo siglo superar el control de la racionalidad mutilada y mutilante con el fin de que la mente humana pudiera controlarla?

Se trata de comprender un pensamiento que separa y que reduce junto con un pensamiento que distingue y que religa. No se trata de abandonar el conocimiento de las partes por el Conocimiento de las totalidades ni el análisis por la síntesis, hay que conjugarlos. Existen los desafíos de la complejidad a los cuales los desarrollos propios de nuestra era planetaria nos confrontan ineluctablemente.

Capítulo III

Enseñar

La condición humana

La educación del futuro deberá ser una enseñanza primera y universal centrada en la condición humana. Estamos en la era planetaria; una aventura común se apodera de los humanos donde quiera que estén. Estos deben reconocerse en su humanidad común y, al mismo tiempo, reconocer la diversidad cultural inherente a todo cuanto es humano.

Conocer lo humano es, principalmente, situarlo en el universo y a la vez separarlo de él. Como ya lo vimos en el capítulo I, cualquier conocimiento debe contextualizar su objeto para ser pertinente. *"¿Quiénes somos?"* es inseparable de un *"¿dónde estamos?" "¿de dónde venimos?" "¿a dónde vamos?"*.

Interrogar nuestra condición humana, es entonces interrogar primero nuestra situación en el mundo. Una afluencia de conocimientos
a finales del siglo XX permite aclarar de un modo completamente
nuevo la situación del ser humano en el universo. Los progresos
concomitantes con la cosmología, las ciencias de la Tierra, la ecología, la biología, la prehistoria en los años 60-70 han modificado
las ideas sobre el Universo, la Tierra, la Vida y el Hombre mismo.
Pero estos aportes aún están desunidos. Lo Humano permanece
cruelmente dividido, fragmentado en pedazos de un rompecabezas
que perdió su figura. Aquí se enuncia un problema epistemológico:
es imposible concebir la unidad compleja de lo humano por medio
del pensamiento disyuntivo que concibe nuestra humanidad de
manera insular por fuera del cosmos que lo rodea, de la materia
física y del espíritu del cual estamos constituidos, ni tampoco por
medio del pensamiento reductor que reduce la unidad humana
a un substrato puramente bio-anatómico. Las mismas ciencias
humanas están divididas y compartimentadas. La complejidad
humana se vuelve así invisible y el hombre se desvanece "como
una huella en la arena". Además, el nuevo saber, por no estar
religado, tampoco está asimilado ni integrado. Paradójicamente,
hay un agravamiento de la ignorancia del todo mientras que hay
una progresión del conocimiento de las partes.

De allí la necesidad, para la educación del futuro, de una gran
religazón de los conocimientos resultantes de las ciencias naturales con el fin de ubicar la condición humana en el mundo, de las
resultantes de las ciencias humanas para aclarar las multidimensio-
nalidades y complejidades humanas y la necesidad de integrar el
aporte inestimable de las humanidades, no solamente de la filosofía
y la historia, sino también de la literatura, la poesía, las artes...

1. Arraigamiento ↔ desarraigamiento humano

Debemos reconocer nuestro doble arraigamiento en el cosmos físico y en la esfera viviente, al igual que nuestro desarraigamiento propiamente humano. Estamos a la vez dentro y fuera de la naturaleza.

1.1 La condición cósmica

Hemos abandonado recientemente la idea de un Universo ordenado, perfecto, eterno, por un universo que nace en la irradiación, en el devenir disperso donde actúan de manera complementaria, competente y antagónica: orden, desorden y organización.

Estamos en un gigantesco cosmos en expansión constituido por miles de millones de galaxias y miles de miles de millones de estrellas y aprendimos que nuestra Tierra es un trompo minúsculo que gira alrededor de un astro errante en la periferia de una pequeña galaxia de suburbio. Las partículas de nuestro organismo *habrían* aparecido desde los primeros segundos de nuestro cosmos hace (tal vez?) quince mil millones de años; nuestros átomos de carbono se formaron en uno o varios soles anteriores al nuestro; nuestras moléculas se agruparon en los primeros tiempos convulsivos de la Tierra. Estas macromoléculas se asociaron en torbellinos de los cuales uno de ellos, cada vez más rico en su diversidad molecular, se metamorfoseó en una organización nueva con relación a la organización estrictamente química: *una auto-organización viviente*.

Esta época cósmica de la organización, sujeta sin cesar a las fuerzas de desorganización y de dispersión, es también la epopeya de la religazón que sóla impidió al cosmos que se dispersara o desvaneciera tan pronto nació. En el centro de la aventura cósmica, en lo más alto del desarrollo prodigioso de una rama singular de la auto-organización viviente, seguimos la aventura a nuestro modo.

1.2 La condición física

Un poco de substancia física se organizó sobre esta Tierra de manera termodinámica. A través del remojo marino, de la preparación química, de las descargas eléctricas, tomó Vida. La vida es solariana: todos sus constituyentes han sido forjados en un sol y reunidos en un planeta esputado por el sol; ésta es la transformación de un destello fotónico resultante de los resplandecientes torbellinos solares. Nosotros, vivientes, constituimos una pajilla de la diáspora cósmica, unas migajas de la existencia solar, un menudo brote de la existencia terrenal.

1.3 La condición terrestre

Hacemos parte del destino cósmico, pero estamos marginados: nuestra Tierra es el tercer satélite de un sol destronado de su puesto central, convertido en astro pigmeo errante entre miles de millones de estrellas en una galaxia periférica de un universo en expansión...

Nuestro planeta se congregó hace cinco mil millones de años, a partir, probablamente, de destrucciones cósmicas que resultaron de la explosión de un sol anterior; y hace cuatro mil millones de años surgió la organización viviente de un torbellino macromolecular con tormentas y convulsiones telúricas.

La Tierra se auto-produjo y se auto-organizó dependiendo del sol; se constituyó en complejo bio-físico a partir del momento en el cual se desarrolló su biósfera.

Somos a la vez seres cósmicos y terrestres.

La vida nació en convulsiones telúricas y su aventura ha corrido el peligro de extinsión por lo menos en dos ocasiones (fin de la era primaria y durante la secundaria). Se ha desarrollado no solamente en especies diversas sino también en ecosistemas donde

52

las predaciones y devoraciones constituyeron la cadena trófica de doble cara: la de la vida y la de la muerte.

Nuestro planeta erra en el cosmos. Debemos asumir las consecuencias de esta situación marginal, periférica, que es la nuestra.

Como seres vivos de este planeta, dependemos vitalmente de la biósfera terrestre; debemos reconocer nuestra muy física y muy biológica identidad terrenal.

1.4 La condición humana

La importancia de la hominización es capital para la educación de la condición humana porque ella nos muestra como animalidad y humanidad constituyen juntas nuestra humana condición.

La antropología prehistórica nos muestra cómo la hominización es una aventura de millones de años, tanto discontinua -proveniente de nuevas especies: *habilis, erectus, neanderthal, sapiens* y desaparición de los precedentes, surgimiento del lenguaje y de la cultura– cómo continua, en el sentido en que se prosigue un proceso de bipedización, de manualización, erección del cuerpo, cerebralización[5], juvenilización (el adulto que conserva los carácteres no especializados del embrión y los carácteres sicológicos de la juventud), complexificación social, proceso a través del cual aparece el lenguaje propiamente humano al mismo tiempo que se constituye la cultura, capital adquisición de los saberes, saber-hacer, creencias, mitos, transmisibles de generación en generación...

La hominización desemboca en un nuevo comienzo. El homínido se humaniza. Desde allí, el concepto de hombre tiene un doble

---

5. Austratopiteco, craneo (508cm3), *homo habilis* (680cm3), *homo erectus* (800-1100cm3), hombre moderno (1200-1500cm3).

principio: un principio biofísico y uno sico-socio-cultural, ambos principios se remiten el uno al otro.

Somos resultado del cosmos, de la naturaleza, de la vida, pero debido a nuestra humanidad misma, a nuestra cultura, a nuestra mente, a nuestra conciencia; nos hemos vuelto extraños a este cosmos que nos es secretamente íntimo. Nuestro pensamiento y nuestra conciencia, los cuales nos hacen conocer este mundo físico, nos alejan otro tanto. El hecho mismo de considerar racional y cientificamente el universo nos separa también de él. Nos hemos desarrollado más allá del mundo físico y viviente. Es en este más allá que opera el pleno desplegamiento de la humanidad.

Como si fuera un punto de un holograma, llevamos en el seno de nuestra singularidad, no solamente toda la humanidad, toda la vida, sino también casi todo el cosmos, incluyendo su misterio que yace sin duda en el fondo de la naturaleza humana. Pero no somos seres que se puedan conocer y comprender unicamente a partir de la cosmología, la física, la biología, la sicología...

2. LO HUMANO DE LO HUMANO

2.1 UNIDUALIDAD

El humano es un ser plenamente biológico y plenamente cultural que lleva en sí esta unidualidad originaria. Es un super y un hiper viviente: ha desarrollado de manera sorprendente las potencialidades de la vida. Expresa de manera hipertrofiada las cualidades egocéntricas y altruistas del individuo, alcanza paroxismos de vida en el éxtasis y en la embriaguez, hierve de ardores orgiásticos y orgásmicos; es en esta hiper vitalidad que el *homo sapiens* es también *homo demens*.

El hombre es pues un ser plenamente biológico, pero si no dispusiera plenamente de la cultura sería un primate del más bajo rango.

La cultura acumula en sí lo que se conserva, transmite, aprende; ella comporta normas y principios de adquisición.

2.2 El bucle: cerebro ↔ espíritu ↔ cultura

El hombre sólo se completa como ser plenamente humano por y en la cultura. No hay cultura sin cerebro humano (aparato biológico dotado de habilidades para actuar, percibir, saber, aprender), y no hay mente (*mind*), es decir capacidad de conciencia y pensamiento sin cultura. La mente humana es un surgimiento que nace y se afirma en la relación cerebro ↔ cultura. Una vez que la mente ha surgido, ella interviene en el funcionamiento cerebral con efecto retroactivo. Hay entonces una triada en bucle entre *cerebro↔ mente↔cultura*, donde cada uno de los términos necesita a los otros. La mente es un surgimiento del cerebro que suscita la cultura, la cual no existiría sin el cerebro.

2.3 El bucle: razón ↔ afecto ↔ Impulso

Encontramos una triada bio-antropológica al mismo tiempo que la de *cerebro↔ mente↔cultura*: resulta de la concepción del cerebro triúnico de Mac Lean[6]. El cerebro humano integra en él: a) El *paleocéfalo,* heredero del cerebro reptil, fuente de la agresividad, del celo, de los impulsos primarios, b) el *mesocéfalo,* heredero del cerebro de los antiguos mamíferos en donde el hipocampo parece ligar el desarrollo de la afectividad y el de la memoria a largo plazo, c) el *córtex,* que de manera muy desarrollada en los mamíferos hasta envolver todas las estructuras del encéfalo y formar los dos hemisferios cerebrales, se hipertrofia en los humanos en un neo-córtex que es la base de las habilidades analíticas, lógicas, estratégicas que la cultura permite actualizar completamente. Así,

---

6.   P.D. Mac Lean, *The triune brain,* in Smith (F.Q.), ed. The Neuro sciences, Second Study Program, Rochefeller University Press, New York, 1970.

se nos aparece otra face de la complejidad humana que integra la animalidad (mamífero y reptil) en la humanidad y la humanidad en la animalidad[7]. Las relaciones entre las tres instancias no solamente son complementarias sino también antagónicas, implicando los conflictos muy conocidos entre la impulsividad, el corazón y la razón; de manera correlativa, la relación triúnica no obedece a una jerarquía *razón↔ afectividad↔ impulso*; hay una relación inestable, permutante, rotativa entre estas tres instancias. La racionalidad no dispone pues del poder supremo; es una instancia que compete y se opone a las otras instancias de una triada inseparable; es frágil: puede ser dominada, sumergida, incluso esclavizada por la afectividad o la impulsividad. El impulso homicida puede servirse de la maravillosa máquina lógica y utilizar la racionalidad técnica para organizar y justificar sus empresas.

2.4 EL BUCLE: INDIVIDUO ↔ SOCIEDAD ↔ ESPECIE

Finalmente, hay una relación de triada *individuo↔ sociedad↔ especie*. Los individuos son el producto del proceso reproductor de la especie humana, pero este mismo proceso debe ser producido por dos individuos. Las interacciones entre individuos producen la sociedad y ésta, que certifica el surgimiento de la cultura, tiene efecto retroactivo sobre los individuos por la misma cultura.

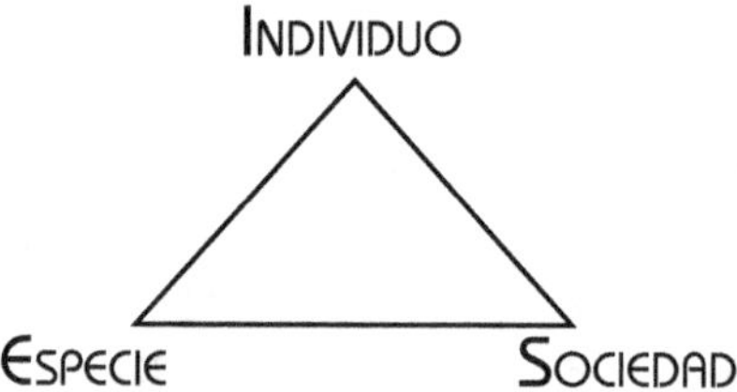

---

7.   Como lo vimos en el capítulo anterior, esto nos conduce a asociar estrechamente la inteligencia con la afectividad, lo cual indican claramente los trabajos: de A. Damasio, *El error de Descartes*, O. Jacob. París y de J.M. Vincent, *Biología de las Pasiones*, O. Jacob, París.

No se puede absolutizar al individuo y hacer de él el fin supremo de este bucle; tampoco se lo puede a la sociedad o a la especie. A nivel antropológico, la sociedad vive para el individuo, el cual vive para la sociedad; la sociedad y el individuo viven para la especie la cual vive para el individuo y la sociedad. Cada uno de estos términos es a la vez medio y fin: son la cultura y la sociedad las que permiten la realización de los individuos y son las interacciones entre los individuos las que permiten la perpetuidad de la cultura y la auto-organización de la sociedad. Sin embargo, podemos considerar que la plenitud y la libre expresión de los individuos-sujetos constituyen nuestro propósito ético y político sin dejar de pensar también que ellos constituyen la finalidad misma de la triada *individuo↔ sociedad↔ especie*. La complejidad humana no se comprendería separada de estos elementos que la constituyen: *todo desarrollo verdaderamente humano significa desarrollo conjunto de las autonomías individuales, de las participaciones comunitarias y del sentido de pertenencia con la especie humana.*

3. Unitas multiplex. La unidad y la diversidad humana

La educación del futuro deberá velar por que la idea de unidad de la especie humana no borre la de su diversidad, y que la de su diversidad no borre la de la unidad. Existe una unidad humana. Existe una diversidad humana. La unidad no está solamente en los rasgos biológicos de la especie *homo sapiens*. La diversidad no está solamente en los rasgos sicológicos, culturales y sociales del ser humano. Existe también una diversidad propiamente biológica en el seno de la unidad humana; no sólo hay una unidad cerebral sino mental, síquica, afectiva e intelectual. Además, las culturas y las sociedades más diversas tienen principios generadores u organizadores comunes. Es la unidad humana la que lleva en sí los principios de sus múltiples diversidades. Comprender lo humano, es comprender su unidad en la diversidad, su diversidad en la unidad. Hay que concebir la unidad de lo múltiple, la multiplicidad del uno.

La educación deberá ilustrar este principio de u*nidad/diversidad* en todos los campos.

3.1 EL CAMPO INDIVIDUAL

En el campo individual, hay una *unidad/diversidad* genética. Todo humano lleva genéticamente en sí la especie humana e implica genéticamente su propia singularidad anatómica, fisiológica. Hay una *unidad/diversidad* cerebral, mental, sicológica, afectiva, intelectual y subjetiva: todo ser humano lleva en sí cerebral, mental, sicológica, afectiva, intelectual y subjetivamente carácteres fundamentalmente comunes y al mismo tiempo tiene sus propias singularidades cerebrales, mentales, sicológicas, afectivas, intelectuales, subjetivas...

3.2 EL CAMPO SOCIAL

En el campo de la sociedad hay una *unidad/diversidad* de las lenguas (todas diversas a partir de una estructura con doble articulación común, lo que hace que seamos gemelos por el lenguaje y separados por las lenguas), de las organizaciones sociales y de las culturas.

3.3 DIVERSIDAD CULTURAL Y PLURALIDAD DE INDIVIDUOS

Se dice justamente ***La Cultura***, se dice justamente ***las*** *culturas*.

La cultura esta constituida por el conjunto de los saberes, saber-hacer, reglas, normas, interdicciones, estrategias, creencias, ideas, valores, mitos que se transmite de generación en generación, se reproduce en cada individuo, controla la existencia de la sociedad y mantiene la complejidad sicológica y social. No hay sociedad humana, arcaica o moderna que no tenga cultura, pero cada cultura es singular. Así, siempre hay la cultura en las culturas, **pero *la* cultura no existe sino a través de *las* culturas.**

Las técnicas pueden migrar de una cultura a otra, como fue el caso de la rueda, de la yunta, la brújula, la imprenta; o también el de ciertas creencias religiosas, luego ideas laicas que habiendo nacido en una cultura singular pudieron universalizarse. Pero hay en cada cultura un capital específico de creencias, ideas, valores, mitos y particularmente los que ligan una comunidad singular a sus ancestros, sus tradiciones, sus muertos.

Aquellos que ven la diversidad de las culturas tienden a minimizar u ocultar la unidad humana; aquellos que ven la unidad humana tienden a considerar como secundaria la diversidad de las culturas. Es pertinente, en cambio, concebir una unidad que asegure y favorice la diversidad, una diversidad que se inscriba en una unidad.

El doble fenómeno de la unidad y de la diversidad de las culturas es crucial. La cultura mantiene la identidad humana en lo que tiene de específico; las culturas mantienen las identidades sociales en lo que ellas tienen de específico. Las culturas están aparentemente encerradas en sí mismas para salvaguardar su identidad singular. Pero, en realidad, también son abiertas: integran en ellas no solamente saberes y técnicas sino también ideas, costumbres, alimentos, individuos provenientes de otras partes. Las asimilaciones de una cultura a otra son enriquecedoras. También hay grandes logros creados en mestizajes culturales como los que produjeron el flamenco, las músicas de América Latina, el raï (género musical de origen magrebino). En cambio, la desintegración de una cultura bajo el efecto destructor de una dominación técnico-civilizacional es una pérdida para toda la humanidad en donde la diversidad de las culturas constituye uno de sus más preciados tesoros.

El ser humano es él mismo singular y múltiple a la vez. Hemos dicho que todo ser humano, tal como el punto de un holograma, lleva el cosmos en sí. Debemos ver también que todo ser, incluso el más encerrado en la más banal de las vidas, constituye en sí mismo un cosmos. Lleva en sí sus multiplicidades interiores, sus personalidades virtuales, una infinidad de personajes quiméricos, una poli existencia en lo real y lo imaginario, el sueño y la vigilia, la obediencia y la transgresión, lo ostentoso y lo secreto, hormigueos larvarios en sus cavernas y precipicios insondables. Cada uno contiene en sí galaxias de sueños y de fantasmas, impulsos insatisfechos de deseos y de amores, abismos de desgracia, inmensidades de indiferencia congelada, abrazos de astro en fuego, desencadenamientos de odio, extravios débiles, destellos de lucidez, tormentas dementes...

3.4 SAPIENS ↔ DEMENS

El siglo XXI deberá abandonar la visión unilateral que define al ser humano por la racionalidad (*homo sapiens*), la técnica (*homo faber*), las actividades utilitarias (*homo economicus*), las necesidades obligatorias (*homo prosaicus*). El ser humano es complejo y lleva en sí de manera bipolarizada los carácteres antagónicos:

> *sapiens* y *demens* (racional y delirante)
> *faber* y *ludens* (trabajador y lúdico)
> *empiricus* y *imaginarius* (empírico e imaginador)
> *economicus* y *consumans* (económico y dilapilador)
> *prosaicus* y *poeticus* (prosaico y poético)

El hombre de la racionalidad es también el de la afectividad, del mito y del delirio (*demens*). El hombre del trabajo es también el hombre del juego (*ludens*). El hombre empírico es también el hombre imaginario (*imaginarius*). El hombre de la economía es también el de la "consumación" (*consumans*). El hombre prosaico es también el de la poesía, es decir del fervor, de la participación, del amor, del éxtasis. El amor es poesía. Un amor naciente inunda el mundo de poesía, un amor que dura irriga de poesía la vida cotidiana, el fin de un amor nos devuelve a la prosa.

Así, el ser humano no sólo vive de racionalidad y de técnica: se desgasta, se entrega, se dedica a las dansas, trances, mitos, magias, ritos; cree en las virtudes del sacrificio; vive a menudo para preparar su otra vida, más allá de la muerte. Por todas partes, una actividad técnica, práctica, intelectual, da testimonio de la inteligencia empirico-racional; igualmente por todas partes, las fiestas, ceremonias, cultos con sus posesiones, exaltaciones, despilfarros, "consumaciones", dan testimonio del *homo ludens, poeticus, consumans, imaginarius, demens*. Las actividades lúdicas, de fiesta, de rito no son simples esparcimientos para volver luego a la vida práctica o al trabajo; las creencias en los dioses y en las ideas no pueden reducirse a ilusiones o supersticiones: éstas tienen raíces que se sumergen en las profundidades antropológicas, se refieren al ser humano en su naturaleza misma. Hay una relación manifiesta o soterrada entre la siquis, el afecto, la magia, el mito, la religión; hay a la vez unidad y dualidad entre *homo faber, homo ludens, homo sapiens, y homo demens*. Y en el ser humano, el desarrollo del conocimiento racional-empírico-técnico no ha anulado nunca el conocimiento simbólico, mítico, mágico o poético.

3.5 Homo complexus

Somos seres infantiles, neuróticos, delirantes siendo también racionales. Todo ello constituye el tejido propiamente humano.

El ser humano es un ser racional e irracional, capaz de mesura y desmesura; sujeto de un afecto intenso e inestable; él sonrie, rie, llora, pero sabe también conocer objetivamente; es un ser serio y calculador, pero también ancioso, angustiado, gozador, ebrio, extático; es un ser de violencia y de ternura, de amor y de odio; es un ser invadido por lo imaginario y que puede reconocer lo real, que sabe de la muerte pero que no puede creer en ella, que segrega el mito y la magia, pero también la ciencia y la filosofía; que está poseído por los Dioses y por las Ideas, pero que duda de los Dioses y critica las Ideas; se alimenta de conocimientos comprobados, pero también de ilusiones y de quimeras. Y cuando en la ruptura de los controles racionales, culturales, materiales hay confusión entre lo objetivo y lo subjetivo, entre lo real y lo imaginario, cuando hay hegemonía de ilusiones, desmesura desencadenada, entonces el *homo demens* somete al *homo sapiens* y subordina la inteligencia racional al servicio de sus monstruos.

Por esta razón, la locura es un problema central del hombre, y no solamente su desecho o su enfermedad. El tema de la locura humana fué evidente para la filosofía de la Antiguedad, la sabiduría oriental, para los poetas de todos los continentes, para los moralistas (Erasmo, Montaigne, Pascal, Rousseau). Se volatilizó no sólo en la eufórica ideología humanista que llevó al hombre a dirigir el universo sino también en las ciencias humanas y en la filosofía.

La demencia no ha conducido la especie humana a la extinción (sólo las energías nucleares liberadas por la razón científica y el desarrollo de la racionalidad técnica podrían conducirla a su desaparición). Sin embargo, tanto tiempo parece haberse perdido, malgastado en ritos, cultos, ebriedades, decoraciones, dansas e innumerables ilusiones... A pesar de todo ello, el desarrollo técnico y luego el científico ha sido impresionante; las civilizaciones han producido filosofía y ciencia; la Humanidad ha dominado la Tierra.

Es decir que los progresos de la complejidad se han hecho a la vez a pesar, con y a causa de la locura humana.

La dialógica s*apiens demens* ha sido creadora siendo destructura; el pensamiento, la ciencia, las artes, se han irrigado por las fuerzas profundas del afecto, por los sueños, angustias, deseos, miedos, esperanzas. En las creaciones humanas hay siempre un doble pilotage s*apiensdemens*. *Demens* ha inhibido pero también favorecido a *sapiens*. Platón ya había observado que *Dike,* la ley sabia, es hija de *Ubris*, la desmesura.

Tal furor ciego rompe las columnas de un templo de servidumbre, como la toma de la Bastilla y, al contrario, tal culto a la Razón alimenta la guillotina.

La posibilidad del genio viene del hecho que el ser humano no es completamente prisionero de lo real, de la lógica (neo-córtex), del código genético, de la cultura, de la sociedad. La búsqueda y el encuentro se adelantan en el fondo de la incertidumbre y de la indecidibilidad. El genio surge en la brecha de lo incontrolable, justo ahí donde merodea la locura. La creación surge en la unión entre las profundidades oscuras sico-afectivas y la llama viva de la conciencia.

También la educación debería mostrar e ilustrar el Destino con las múltiples facetas del humano: el destino de la especie humana, el destino individual, el destino social, el destino histórico, todos los destinos entrelazados e inseparables. Así, una de las vocaciones esenciales de la educación del futuro será el examen y el estudio de la complejidad humana. Ella conduciría a la toma de conocimiento, esto es, de conciencia, de la condición común a todos los humanos, y de la muy rica y necesaria diversidad de los individuos, de los pueblos, de las culturas, sobre nuestro arraigamiento *como ciudadanos de la Tierra...*

Enseñar

la identidad terrenal

*Sólo el sabio mantiene el todo en la mente,
jamás olvida el mundo, piensa y actúa con
relación al cosmos.*

Groethuysen

*Por primera vez, el hombre ha comprendido
realmente que es un habitante del planeta, y
tal vez piensa y actúa de una nueva manera,
no sólo como individuo, familia o género,
Estado o grupo de Estados, sino también
como planetario*

Vernadski

¿Cómo podrían los ciudadanos del nuevo milenio pensar sus problemas y los problemas de su tiempo?

Les hace falta comprender tanto la *condición humana* en el mundo, como la condición del mundo humano que a través de la historia moderna se ha vuelto la de la *era planetaria*.

Hemos entrado en la era planetaria desde el siglo XVI y estamos, desde finales del siglo XX en la fase de la mundialización.

La mundialización, como fase actual de la era planetaria, significa primero, como lo dijo el geógrafo Jacques Lévy: *"El surgimiento de un objeto nuevo: el mundo como tal"*. Pero entre más atrapados estamos por el mundo más difícil nos es atraparlo. En la época de las telecomunicaciones, de la información, de la Internet, estamos sumergidos por la complejidad del mundo y las innumerables informaciones sobre el mundo ahogan nuestras posibilidades de inteligibilidad.

De allí, la esperanza de despejar un problema vital por excelencia que subordinaría todos los demás problemas vitales. Pero *este problema vital* está constituido por el conjunto de los problemas vitales, es decir la intersolidaridad compleja de problemas, antagonismos, crisis, procesos incontrolados. El problema planetario es un todo que se alimenta de ingredientes múltiples, conflictivos, de crisis; los engloba, los aventaja y de regreso los alimenta.

Lo que agrava la dificultad de conocer nuestro Mundo, es el modo de pensamiento, que ha atrofiado en nosotros, en vez de desarrollarla, la aptitud de contextualizar y globalizar, mientras que la exigencia de la era planetaria es pensar la globalidad, la relación todo-partes, su multidimensionalidad, su complejidad. Es lo que nos lleva a la reforma de pensamiento, requerida en el capítulo II, necesaria para concebir el contexto, lo global, lo multidimensional, lo complejo.

Es la complejidad (el bucle *productivo/destructivo* de las acciones mutuas de las partes en el todo y del todo en las partes) la que presenta problema. Necesitamos, desde ahora, concebir la insostenible complejidad del mundo en el sentido en que hay que considerar tanto la unidad como la diversidad del proceso planetario, sus complementariedades y también sus antagonismos. *El planeta no es un sistema global sino un torbellino en movimiento, desprovisto de centro organizador.*

Este planeta necesita un pensamiento policéntrico capaz de apuntar a un universalismo no abstracto sino consciente de la *unidad/diversidad* de la humana condición; un pensamiento policéntrico alimentado de las culturas del mundo. Educar para este pensamiento; esa es la finalidad de la educación del futuro que debe trabajar en la era planetaria para la identidad y la conciencia terrenal.

1. La era planetaria

Las ciencias contemporáneas nos enseñan que estaríamos a unos quince mil millones de años después de una catástrofe inefable a partir de la cual se creó el cosmos, tal vez a unos cinco millones de años después de que hubiera comenzado la aventura de la hominización la cual nos habría diferenciado de los otros antropoides, cien mil años desde el surgimiento del *homo sapiens*, diez mil años desde el nacimiento de las civilizaciones históricas y entramos a los inicios del tercer milenio de la era llamada cristiana.

La historia humana comenzó con una diáspora planetaria sobre todos los continentes; luego entró, a partir de los tiempos modernos, en la era planetaria de la comunicación entre los fragmentos de la diáspora humana.

La diáspora de la humanidad no ha producido escisión genética: pigmeos, negros, amarillos, indios, blancos, vienen de la misma especie, disponen de los mismos cárcteres fundamentales de la humanidad. Pero ha producido una extraordinaria diversidad de lenguas, de culturas, de destinos, fuente de innovaciones y de creaciones en todos los campos. El tesoro de la humanidad está en su diversidad creadora, pero la fuente de su creatividad está en su unidad generadora.

A finales del siglo XV europeo, la China de los Ming y la India Mogola son las civilizaciones más importantes del Globo. El Islam, en Asia y en Africa, es la religión más extendida de la Tierra. El Imperio Otomano, que desde Asia se desplegó por la Europa Oriental, aniquiló a Bizancio y amenazó a Viena, se vuelve una gran potencia de Europa. El Imperio de los Incas y el Imperio Azteca reinan en las Américas, Cuzco y Tenochtitlán exceden en población a las monumentales y esplendorosas Madrid, Lisboa, París, Londres, capitales de jóvenes y pequeñas naciones del Oeste europeo.

Sin embargo, a partir de 1492, son estas jovenes y pequeñas naciones las que se lanzan a la conquista del Globo y a través de la aventura, la guerra, la muerte suscitan la era planetaria que desde entonces comunica los cinco continentes para lo mejor y para lo peor. La dominación del Occidente Europeo sobre el resto del mundo provoca catástrofes de civilización, en las Américas especialmente, destrucciones culturales irremediables, esclavitudes terribles. Por esta razón, la era planetaria se abre y se desarrolla en y por la violencia, la destrucción, la esclavitud, la explotación feroz de las Américas y del Africa. Los bacilos y los virus de Eurasia rodaron por las Américas, creando hecatombes, sembrando sarampión, herpes, gripe, tuberculosis, mientras que de América el treponema de la sífilis rondaba de sexo en sexo hasta Shangai. Los Europeos implantan en sus tierras el maíz, la papa, el fríjol, el tomate, la yuca, la patata dulce, el cacao, el tabaco traídos de América. Ellos llevan a América los corderos, bovinos, caballos, cereales, viñedos, olivos y las plantas tropicales arroz, ñame, café, caña de azúcar.

La planetarización se desarrolla por el aporte de la civilización europea a los continentes, sus armas, sus técnicas, sus concepciones en todas sus factorías, sus peajes y zonas de penetración. La industria y la técnica toman un vuelo que ninguna civilización había conocido antes. El progreso económico, el desarrollo de las comunicaciones, la inclusión de los continentes subyugados en el mercado mundial determinan formidables movimientos de población que van a ampliar el crecimiento demográfico[8] generalizado. En la segunda mitad del siglo XIX, 21 millones de Europeos atravezaron el Atlántico hacia las dos Américas. También se produjeron flujos migratorios en Asia, donde los Chinos se instalan como comerciantes en Siam, en Java y en la Penínzula Malasia, se embarcan para California, Colombia-Británica, Nueva Gales del Sur, Polinesia, mientras que los Indúes se asientan en Natal y en Africa Oriental.

La planetarización engendra en el siglo XX dos guerras mundiales, dos crisis económicas mundiales y, luego en 1989, la generalización de la economía liberal llamada mundialización. La economía mundial es cada vez más un todo interdependiente: cada una de sus partes se ha vuelto dependiente del todo y recíprocamente el todo sufre perturbaciones y riesgos que afectan las partes. El planeta se ha encogido. Fueron necesarios tres años a Magallanes para dar la vuelta al mundo por mar (1519-1522). Se necesitaron sólo 80 días para que un intrépido viajero del siglo XIX utilizando carreteras, ferrocarril y navegación a vapor diera la vuelta a la tierra. A finales del siglo XX, el jet logra el bucle en 24 horas. Y más aún, todo se presenta de manera instantánea de un punto a otro del planeta por televisión, teléfono, fax, Internet...

El mundo se vuelve cada vez más un todo. Cada parte del mundo hace cada vez más parte del mundo y el mundo, como un todo,

---

8. En un siglo Europa pasó de 190 a 423 millones de habitantes; el globo de 900 millones a mil seiscientos millones.

está cada vez más presente en cada una de sus partes. Esto se constata no sólamente con la naciones y los pueblos sino con los individuos. Así como cada punto de un holograma contiene la información del todo del cual hace parte, también, ahora, cada individuo recibe o consume las informaciones y las substancias provenientes de todo el universo.

El Europeo, por ejemplo, se levanta cada mañana poniendo una emisora japonesa y recibe los acontecimientos del mundo: erupciones volcánicas, temblores de tierra, golpes de Estado, conferencias internacionales le llegan mientras toma su té de Ceilan, India o China a no ser que sea un moka de Etiopía o un arábica de América Latina; se pone su camisilla, pantaloncillos y camisa hechos en algodón de Egipto o de la India; viste chaqueta y pantalón en lana de Australia, fabricada en Manchester y luego en Roubaix-Tourcoing, o se pone una chaqueta de cuero traída de China con unos jeans estilo USA. Su reloj es suizo o japonés. Sus gafas son de carey de tortuga ecuatorial. Puede encontrar en su comida de invierno las fresas y cerezas de Argentina o Chile, las habichuelas frescas de Senegal, los aguacates o piñas de Africa, los melones de Guadalupe. Tiene botellas de ron de Martinica, de vodka rusa, tequila mejicana, whisky americano. Puede escuchar en su casa una sinfonía alemana dirigida por un director coreano a no ser que asista ante su pantalla de video a *la Bohème* con la Negra Bárbara Hendricks en el papel de Mimi y el Español Plácido Domingo en el de Rodolfo.

Mientras que el Europeo se encuentra en este circuito planetario de confort, un gran número de Africanos, Asiáticos y Suramericanos se encuentran en un circuito planetario de miseria. Sufren en su vida cotidiana las consecuencias del mercado mundial que afecta las cotizaciones del cacao, el café, el azúcar, las materias primas, que produce su país. Han sido sacados de sus pueblos por procesos mundializados venidos de Occidente, especialmente el progreso del monocultivo industrial; campesinos autosuficientes se convirtieron en sub-urbanos que buscan empleo; sus necesidades ahora se traducen en términos monetarios. Aspiran a la vida del bienestar en el que los hacen soñar la publicidad y las películas de Occidente. Utilizan la vajilla de aluminio o de plástico, beben cerveza o coca-cola. Se acuestan en los restos de láminas de espuma de poliestireno y llevan puestas camisetas impresas a la americana. Bailan músicas sincréticas donde sus ritmos tradicionales entran en una orquestación procedente de Norteamérica. De esta manera, para lo mejor y para lo peor cada humano, rico o pobre, del Sur o del Norte, del Este o del Oeste lleva en sí, sin saberlo, el planeta entero. La mundialización es a la vez evidente, subconsciente, omnipresente.

La mundialización es realidad unificadora, pero hay que agregar inmediatamente que *también es conflictiva en su esencia. La unificación mundializante está cada vez más acompañada por su propio negativo, suscitado por contra efecto*: *la balcanización*. El mundo cada vez más se vuelve uno pero al mismo tiempo se divide. Paradójicamente es la misma era planetaria la que ha permitido y favorizado la parcelación generalizada en Estados-nación; en realidad, la demanda emancipadora de nación está estimulada por un movimiento que recurre a la identidad ancestral y se efectúa como reacción al curso planetario de homogeneización civilizacional. Esta demanda se intensifica con la crisis generalizada del futuro.

Los antagonismos entre naciones, entre religiones, entre laicismo y religión, entre modernidad y tradición, entre democracia y dictadura, entre ricos y pobres, entre Oriente y Occidente, entre Norte y Sur se alimentan entre sí; es allí donde se mezclan los intereses estratégicos y económicos antagónicos de las grandes potencias y de las multinacionales dedicadas a la obtención de beneficios. Son todos estos antagonismos los que se encuentran en zonas de interferencias y de fractura como la gran zona sísmica del Globo que parte de Armenia/Azerbadjian, atravieza el Medio Oriente y llega hasta Sudan. Estas se exasperan allí donde hay religiones y etnias mezcladas, fronteras arbitrarias entre Estados, exasperaciones por rivalidades y negaciones de toda clase, como en el Medio-Oriente.

De esta misma manera, el siglo XX ha creado y a la vez parcelado un tejido planetario único; sus fragmentos se han aislado, erizado y combatido entre sí. Los Estados dominan la escena mundial como titanes brutales y ebrios, poderosos e impotentes. Al mismo tiempo, el despliegue técnico industrial sobre el Globo tiende a suprimir las diversidades humanas, étnicas y culturales. El desarrollo mismo ha creado más problemas de los que ha resuelto y ha conducido a la crisis profunda de civilización que afecta las sociedades prósperas de Occidente.

Concebido únicamente de manera técnico-económica, el desarrollo está en un punto insostenible incluyendo el desarrollo sostenible. Es necesaria una noción más rica y compleja del desarrollo, que sea no sólo material sino también intelectual, afectiva, moral...

El siglo XX no ha dejado la edad de hierro planetaria, se ha hundido en ella.

2. El legado del siglo XX

El siglo XX fue el de la alianza de dos barbaries: la primera viene desde el fondo de *la noche de los tiempos* y trae consigo guerra, masacre, deportación, fanatismo. La segunda, helada, anónima, viene del interior de una racionalización que no conoce más que el cálculo e ignora a los individuos, sus cuerpos, sus sentimientos, sus almas y multiplica las potencias de muerte y de esclavización técnico-industriales.

Para atravesar esta era bárbara primero hay que reconocer su herencia. Esta herencia es doble, al mismo tiempo herencia de muerte y de nacimiento.

2.1 La herencia de muerte

El siglo XX pareció dar razón a la fórmula atroz según la cual *la evolución humana es un crecimiento del poder de la muerte.*

La muerte introducida en el siglo XX no es solamente la de las decenas de millones de muertos de las dos guerras mundiales y de los campos de concentración nazis y soviéticos, también es la de las dos nuevas potencias de muerte

2.1.1 Las armas nucleares

La primera es la de la posibilidad de la muerte global de toda la humanidad a causa del arma nuclear. Esta amenaza aún no se ha disipado con el inicio del tercer milenio; al contrario, se incrementa con la diseminación y la miniaturización de la bomba. La potencialidad de auto-aniquilamiento acompaña en lo sucesivo el camino de la humanidad.

2.1.2 Los nuevos peligros

La segunda es la de la posibilidad de la muerte ecológica. Desde los años 70, hemos descubierto que los desechos, emanaciones, exhalaciones de nuestro desarrollo técnico-industrial urbano degradan nuestra biósfera, y amenazan con envenenar irremediablemente el medio viviente del cual hacemos parte: la dominación desenfrenada de la naturaleza por la técnica conduce la humanidad al suicidio.

Por otra parte, fuerzas mortales que creíamos en vía de extinción se han rebelado: el virus del SIDA nos ha invadido, es el primer virus desconocido que surge, mientras que las bacterias que creíamos haber eliminado vuelven con nuevas resistencias a los antibióticos. Así pues, la muerte se introduce de nuevo con virulencia en nuestros cuerpos los cuales creíamos haber esterilizado.

Al fin la muerte ha ganado terreno al interior de nuestras almas. Los poderes de auto-destrucción, latentes en cada uno de nosotros, se han activado, particularmente con la ayuda de drogas severas como la heroína, ahí donde se multiplican y crecen las soledades y las angustias.

La amenaza planea sobre nosotros con el arma termonuclear, nos envuelve con la degradación de la biósfera, se potencializa en cada uno de nuestros abrazos; se esconde en nuestras almas con el llamado mortífero a las drogas.

2.2 Muerte de la modernidad

Nuestra civilización, nacida en Occidente, soltando sus amarras con el pasado, creia dirigirse hacia un futuro de progreso infinito que estaba movido por los progresos conjuntos de la ciencia, la razón, la historia, la economía, la democracia. Ya hemos aprendido con Hiroshima que la ciencia es ambivalente; hemos visto a la razón retroceder y al delirio stalinista tomar la máscara de la razón histórica; hemos visto que no había leyes en la Historia que guiaran irresistiblemente hacia un porvenir radiante; hemos visto que el triunfo de la democracia definitivamente no estaba asegurado en ninguna parte; hemos visto que el desarrollo industrial podía causar estragos culturales y poluciones mortíferas; hemos visto que la civilización del bienestar podía producir al mismo tiempo malestar. Si la modernidad se define como fe incondicional en el progreso, en la técnica, en la ciencia, en el desarrollo económico, entonces esta modernidad está muerta.

2.3 La esperanza

Si es cierto que el género humano, cuya diálogica *cerebro↔ mente* no es cerrada, posee los recursos inagotados para crear, entonces podemos avisorar para el tercer milenio la posibilidad de una nueva creación: la de una *ciudadanía terrestre*, para la cual el siglo XX ha aportado los gérmenes y embriones. Y la educación, que es a

74

la vez transmisión de lo viejo y apertura de la mente para acoger lo nuevo, está en el corazón de esta nueva misión.

2.3.1 El aporte de las contracorrientes

El siglo XX ha dejado como herencia en el ocaso contracorrientes regeneradoras. A menudo, en la historia, corrientes dominantes han suscitado contracorrientes que pueden desarrollarse y cambiar el curso de los acontecimientos. Debemos anotar:

- la contracorriente ecológica que con el crecimiento de las degradaciones y el surgimiento de catástrofes técnicas/industriales no puede más que aumentar;

- la contracorriente cualitativa que en reacción a la invasión de lo cuantitativo y a la uniformación generalizada se apega a la calidad en todos los campos, empezando por la calidad de la vida;

- la contracorriente de resistencia a la vida prosaica puramente utilitaria que se manifiesta con la búsqueda de una vida poética dedicada al amor, a la admiración, la pasión, el festejo;

- la contracorriente de resistencia a la primacía del consumo standarizado que se manifiesta de dos maneras opuestas: la una por la búsqueda de una intensidad vivida ("consumación"), la otra por la búsqueda de una frugalidad y una templanza;

- la contracorriente, aún tímida, de emancipación con respecto de la tiranía omnipresente del dinero que se pretende contrarrestar con las relaciones humanas solidarias haciendo retroceder el reino del beneficio;

- la contracorriente, también tímida, que como reacción al desencadenamiento de la violencia alimenta éticas de pacificación de las almas y de las mentes.

Se puede pensar igualmente que todas las aspiraciones que han alimentado las grandes esperanzas revolucionarias del siglo XX, pero que han sido engañadas, podrían renacer bajo la forma de una nueva búsqueda de solidaridad y responsabilidad.

Se podría esperar también que la necesidad de volver a las raíces incitada hoy en día por los fragmentos dispersos de la humanidad y provocada por la voluntad de asumir las identidades étnicas o nacionales, se pudiera profundizar y ampliar, sin negar dicho regreso a las raíces en el seno de la identidad humana de ciudadano de la *Tierra-Patria*.

Se podría esperar una política al servicio del ser humano inseparable de una política de civilización que abriría la vía para civilizar la tierra como casa y jardín de la humanidad.

Todas estas corrientes prometen intensificarse y ampliarse durante el siglo XXI y constituir múltiples principios de transformación; pero la verdadera transformación sólo podría llevarse a cabo con una transformación entre sí, operando entonces una transformación global que retroactuaría sobre las transformaciones de cada uno.

2.3.2 En el juego contradictorio de las posibilidades

Una de las condiciones fundamentales para una evolución positiva sería que las fuerzas emancipadoras inherentes a la ciencia y a la técnica pudieran superar las fuerzas de muerte y esclavitud. Los desarrollos de la tecno-ciencia son ambivalentes: han religado la Tierra, permiten a todos los puntos del Globo estar en comunicación inmediata, proporsionan los medios para alimentar todo el planeta y asegurar a todos sus habitantes un mínimo de bienestar, pero en cambio han creado las peores condiciones de muerte y de destrucción. Los humanos esclavizan a las máquinas que esclavizan la energía, pero al mismo tiempo son esclavizados por ellas. La saga de ciencia-ficción de *Hyperión* de Dan Simmons, supone que en un milenio en el futuro las inteligencias artificiales (I.A.) tendrán domesticados a los humanos sin que estos sean conscientes, preparando su eliminación. La novela describe peripecias sorprendentes al cabo de las cuales un híbrido de humano y de I.A. portador del alma del poeta Keats, anuncia una nueva sabiduría. Este es el problema crucial que se plantea desde el siglo XX: ¿ estaremos sometidos a la *tecnósfera* o sabremos vivir en simbiosis con ella?

Las posibilidades que ofrece el desarrollo de las biotecnologías son prodigiosas tanto para lo mejor como para lo peor. La genética y la manipulación molecular del cerebro humano van a permitir normalizaciones y standarizaciones nunca antes logradas por los adoctrinamientos y las propagandas sobre la especie humana; y van a permitir la eliminación de taras deformadoras, una medicina predictiva, el control por la mente de su propio cerebro.

La importancia y la aceleración actuales de las transformaciones parecen presagiar una mutación mucho más considerable que la que hizo pasar al neolítico pequeñas sociedades arcaicas de cazadores y recolectores sin Estado, sin agricultura ni ciudad, a las sociedades históricas que desde hace ocho milenios están desplegadas por el planeta.

También podemos contar con las inacabables fuentes del amor humano. Cierto es que el siglo XX ha sufrido horriblemente carencias de amor, indiferencias, durezas y crueldades. Pero también ha producido excesos de amor consagrado a los mitos engañosos, a las ilusiones, a las falsas divinidades, o petrificado en pequeños fetichismos como la colección de estampillas.

De igual manera, podemos confiar en las posibilidades cerebrales del ser humano que están aún inexploradas en gran parte; la mente humana podría desarrollar aptitudes aún desconocidas en la inteligencia, la comprensión, la creatividad. Como las posibilidades sociales están relacionadas con las posibilidades cerebrales, nadie puede asegurar que nuestras sociedades hayan agotado sus posibilidades de mejoramiento y de transformación y que hayamos llegado al fin de la Historia. Podemos confiar en el progreso de las relaciones entre humanos, individuos, grupos, etnias, naciones.

La posibilidad antropológica, sociológica, cultural, mental de progreso, restaura el principio de esperanza pero sin certeza "científica" ni promesa "histórica". Es una posibilidad incierta que depende mucho de la toma de conciencia, las voluntades, el ánimo, la suerte... Por esto, las tomas de conciencia se han vuelto urgentes y primordiales.

Lo que conlleva el peor peligro conlleva también las mejores esperanzas (en la misma mente humana) y por esta razón el problema de la reforma del pensamiento se ha vuelto vital.

3. La identidad y la conciencia terrenal

La unión planetaria es la exigencia racional mínima de un mundo limitado e interdependiente. Tal unión necesita de una conciencia y de un sentido de pertenencia mutuo que nos ligue a nuestra *Tierra* considerada como primera y última *Patria*.

Si la noción de patria comprende una idea común, una relación de afiliación afectiva a una substancia tanto maternal como paternal (inclusive en el término femenino-masculino de patria), en fin, una comunidad de destino, entonces se puede avanzar en la noción *Tierra-Patria*.

Como se ha indicado en el capítulo III, todos tenemos una identidad genética, cerebral, afectiva común a través de nuestras diversidades individuales, culturales y sociales. Somos producto del desarrollo de la vida donde la Tierra ha sido matricial y putativa. Finalmente, todos los humanos, desde el siglo XX, viven los mismos problemas fundamentales de vida y muerte y están unidos en la misma comunidad de destino planetario.

Por esto, es necesario aprender a "estar-ahí" en el Planeta. Aprender a estar-ahí quiere decir: aprender a vivir, a compartir, a comunicarse, a comulgar; es aquello que sólo aprendemos en y por las culturas singulares. Nos hace falta ahora aprender a ser, vivir, compartir, comulgar también como humanos del Planeta Tierra. No solamente ser de una cultura sino también ser habitantes de la Tierra. Debemos dedicarnos no sólo a dominar sino a acondicionar, mejorar, comprender. Debemos inscribir en nosotros:

Debemos inscribir en nosotros:

- *La conciencia antropológica* que reconoce nuestra unidad en nuestra diversidad.

- *La conciencia ecológica*, es decir la conciencia de habitar con todos los seres mortales una misma esfera viviente (biósfera); reconocer nuestro lazo consustancial con la biósfera nos conduce a abandonar el sueño prometeico del dominio del universo para alimentar la aspiración a la convivencia sobre la Tierra.

- *La conciencia cívica terrenal*, es decir de la responsabilidad y de la solidaridad para los hijos de la Tierra.

- *La conciencia espiritual* de la humana condición que viene del ejercicio complejo del pensamiento y que nos permite a la vez criticarnos mutuamente, auto-criticarnos y comprendernos entre sí.

Es necesario enseñar ya no a oponer el universo a las partes sino a ligar de manera concéntrica nuestras patrias familiares, regionales, nacionales y a integrarlas en el universo concreto de la patria terrenal. Ya no es necesario seguir oponiendo un futuro radiante a un pasado de esclavitudes y supersticiones. Todas las culturas tienen sus virtudes, sus experiencias, sus sabidurias al mismo tiempo que sus carencias y sus ignorancias. Es en este reencuentro con el pasado que un grupo humano encuentra la energía para enfrentar su presente y preparar su futuro. La búsqueda de un mejor avenir debe ser complementaria y no antagonista con los reencuentros en el pasado. Todo ser humano, toda colectividad debe dirigir su vida en una circulación interminable entre su pasado donde encuentra su identidad apegándose a sus ascendentes, su presente donde afirma sus necesidades y un futuro hacia donde proyecta sus aspiraciones y sus esfuerzos.

En este sentido, los Estados pueden jugar un papel decisivo con la condición de aceptar, en su propio beneficio, el abandono de su soberanía absoluta sobre todos los grandes problemas de interés común, sobre todo los problemas de vida o de muerte que sobrepasan su competencia aislada. De todas maneras, *la era de fecundidad de los Estados-Nación dotados de un poder absoluto está ravaluada*, lo que significa que es necesario, no desintegrarlos, sino respetarlos integrándolos en conjuntos y haciéndoles respetar el conjunto del cual hacen parte.

El mundo confederado debe ser policéntrico y acéntrico, no sólo a nivel político sino también cultural. El Occidente que se provincializa siente en sí la necesidad de Oriente, mientras que el Oriente tiende a permanecer él mismo occidentalizándose. El Norte ha desarrollado el cálculo y la técnica pero ha perdido calidad de vida, mientras que el Sur, técnicamente atrazado, cultiva aún las calidades de la vida. En adelante, una dialógica debe complementar Oriente y Occidente, Norte y Sur.

La *religazón* debe sustituir la disyunción y llamar a la "simbiosofía", la sabiduría de vivir unidos.

La unidad, el mestizaje y la diversidad deben desarrollarse en contra de la homogeneización y el hermetismo. El mestizaje no es solamente una creación de nuevas diversidades a partir del encuentro; en el proceso planetario éste se vuelve producto y productor de *religazón* y de unidad. Introduce la complejidad en el corazón de la identidad mestiza (cultural o racial). En realidad, cada uno puede y debe, en la era planetaria, cultivar su poli-identidad permitiendo la integración de la identidad familiar, de la identidad regional, de la identidad étnica, de la identidad nacional, religiosa o filosófica, de la identidad continental y de la indentidad terrenal. El mestizo puede encontrar en las raíces de su poli-identidad una bipolaridad familiar, una bipolaridad étnica, nacional incluso continental que le permite constituir en sí una identidad compleja plenamente humana.

El doble imperativo antropológico se impone: salvar la unidad humana y salvar la diversidad humana. Desarrollar nuestras identidades concéntricas y plurales: la de nuestra etnia, la de nuestra patria, la de nuestra comunidad de civilización, en fin, la de ciudadanos terrestres.

Estamos comprometidos con la humanidad planetaria y en la obra esencial de la vida que consiste en resistir a la muerte. Civilizar y Solidarizar la Tierra; Transformar la especie humana en verdadera humanidad se vuelve el objetivo fundamental y global de toda educación, aspirando no sólo al progreso sino a la supervivencia de la humanidad. La conciencia de nuestra humanidad en esta era planetaria nos debería conducir a una solidaridad y a una conmiseración recíproca del uno para el otro, de todos para todos. La educación del futuro deberá aprender una *ética de la comprensión planetaria[9]*.

---

9.   Ver mas adelante. Capítulo VI.

Capítulo V

Enfrentar las incertidumbres

*Los dioses nos dan muchas sorpresas:
lo esperado no se cumple y para
lo inesperado
un dios abre la puerta.*

Eurípides

Aún no hemos incorporado en nosotros el mensaje de Eurípides que es esperarse lo inesperado. El fin del siglo XX ha sido propicio, sin embargo, para comprender la incertidumbre irremediable de la historia humana

Los siglos anteriores siempre creyeron en un futuro bién fuera repetido o progresivo. El siglo XX ha descubierto la pérdida del futuro, es decir su impredecibilidad. Esta toma de conciencia debe estar acompañada de otra retroactiva y correlativa: la de la historia humana que ha sido y sigue siendo una aventura desconocida. Una gran conquista de la inteligencia sería poder, al fin, deshacerse de la ilusión de predecir el destino humano. El avenir queda abierto e impredecible. A través de la Historia, ha habido determinaciones económicas, sociológicas, entre otras, pero éstas están en relación inestable e incierta con accidentes y riesgos innumerables que hacen bifurcar o desviar su curso.

Las civilizaciones tradicionales vivían con la certeza de un tiempo cíclico cuyo funcionamiento debía asegurarse por medio de sacrificios, a veces humanos. La civilización moderna ha vivido con la certeza del progreso histórico. La toma de conciencia de la incertidumbre histórica se hace hoy en día con el derrumbamiento del mito del Progeso. Un progeso es ciertamente posible, pero incierto. A esto se suman todas las incertidumbres debidas a la velocidad y a la aceleración de los procesos complejos y aleatorios de nuestra era planetaria que ni la mente humana ni un supercomputador ni ningún demonio de Laplace podrían abarcar.

1. La incertidumbre histórica

¿Quién hubiera pensado en la primavera de 1914 que un atentado cometido en Sarajevo desencadenaría una guerra mundial que duraría cuatro años y que provocaría millones de víctimas?

¿Quién hubiera pensado en 1916 que el ejército ruso se disgregaría y que un partidito marxista marginal provocaría, contrario a su propia doctrina, una revolución comunista en octubre de 1917?

¿Quién hubiera pensado en 1918 que el tratado de paz que se firmó llevaba en sí mismo los gérmenes de una segunda guerra mundial que estallaría en 1939?

¿Quién hubiera pensado en la prosperidad de 1927 que una catástrofe económica, que inició en Wall Street en 1929, se desencadenaría en todo el planeta?

¿Quién hubiera pensado en 1930 que Hitler llegaría legalmente al poder en 1933?

¿Quién hubiera pensado en 1940-1941, a parte de algunos irrealistas, que a la formidable dominación nazi sobre Europa y luego a los progresos impresionantes de la Wehrmacht en la URSS hasta las puertas de Leningrado y Moscú les sucedería un vuelco total de la situación?

¿Quién hubiera pensado en 1943, en plena alianza entre soviéticos y occidentales, que sobrevendría la guerra fría entre estos mismos aliados tres años después?

¿Quién hubiera pensado en 1980, a parte de algunos iluminados, que el Imperio Soviético implosionaría en 1989?
¿Quién hubiera imaginado en 1989 la guerra del Golfo y la guerra que desintegraría a Yugoslavia?

¿Quién, en enero de 1999, hubiera soñado con los ataques aéreos sobre Serbia en marzo del mismo año, y quién, en el momento en que son escritas estas líneas, podría medir las consecuencias?

Nadie puede responder a estas preguntas al momento de escribir estas líneas y tal vez permanezcan sin respuesta aún en el siglo XXI. Como decía Patocka: *"El devenir es ahora cuestionado y lo será para siempre"*. El futuro se llama incertidumbre.

2. La historia creativa y destructiva

El surgimiento de lo nuevo no se puede predecir, sino no sería nuevo. El surgimiento de una creación no se puede conocer por anticipado, sino no habría creación.

La historia avanza, no de manera frontal como un río, sino por desviaciones que proceden de innovaciones o creaciones internas, o de acontecimientos o accidentes externos. La transformación interna comienza a partir de creaciones, primero locales y casi microscópicas que se efectúan en un medio restringido primero a algunos individuos, y que aparecen como desviaciones con relación a la normalidad. Si no se atrofia la desviación, entonces, en condiciones favorables formadas generalmente por crisis, puede paralizar la regulación que la frenaba o la reprimía y luego proliferarse de manera epidémica, desarrollarse, propagarse y volverse una tendencia cada vez más potente que produce una nueva normalidad. Así ha sucedido con todos los inventos técnicos, el de la yunta, el de la brújula, la imprenta, la máquina de vapor, el cine, hasta el computador; así fue con el capitalismo en las ciudades-Estado del Renacimiento; igualmente, con todas las grandes religiones universales que nacieron de una predicación singular con Sidharta, Moisés, Jesús, Mohamed, Luther; también con todas las grandes ideologías universales provenientes de algunas mentes marginales.

Los despotismos y totalitarismos saben que los individuos portadores de diferencia constituyen una desviación potencial; ellos los eliminan y aniquilan los micro focos de desviación. Sin embargo, los despotismos terminan por ablandarse y la desviación surge, incluso al más alto nivel del Estado, de manera inesperada en la mente de un nuevo soberano o de un nuevo secretario general.

Toda evolución es el logro de una desviación cuyo desarrollo transforma el sistema donde ella misma ha nacido: ella desorganiza el sistema reorganizándolo. Las grandes transformaciones son morfogénesis, creadoras de formas nuevas que pueden constituir verdaderas metamorfosis. De todas formas, no hay evolución que no sea desorganizadora/reorganizadora en su proceso de transformación o de metamorfosis.

No existen solamente las innovaciones y las creaciones. También existen las destrucciones. Estas pueden traer nuevos desarrollos: así como los desarrollos de la técnica, la industria y el capitalismo han arrastrado la destrucción de las civilizaciones tradicionales.

Las destrucciones masivas y brutales llegan del exterior por la conquista y la exterminación que aniquilaron los imperios y ciudades de la Antiguedad. En el siglo XVI, la conquista española constituye una catástrofe total para los imperios y civilizaciones de los Aztecas y de los Incas. El siglo XX ha visto el hundimiento del Imperio Otomano, el del Imperio Austro-Húngaro y la implosión del Imperio Soviético. Además, muchas adquisiciones se perdieron para siempre después de estos cataclismos históricos. Muchos saberes, obras de pensamiento, muchas obras maestras literarias, inscritos en los libros, fueron destruidos con estos libros. Hay una muy débil integración de la experiencia humana adquirida y un muy fuerte desperdicio de esta experiencia en gran parte derrochada por cada generación. Sin duda alguna, hay un enorme desperdicio de la adquisición en la historia; muchas buenas ideas no han sido integradas, por el contrario han sido rechazadas por las normas, los tabúes, las prohibiciones.

La historia nos muestra también sorprendentes creaciones como la de Atenas cinco siglos antes de nuestra era, donde aparecen tanto la democracia y la filosofía como terribles destrucciones no solamente de sociedades sino de civilizaciones.

La historia no constituye entonces, una evolución lineal. Ella conoce turbulencias, bifurcaciones, desviaciones, fases inmóviles, estadios, periodos de latencia seguidos de virulencias como en el cristianismo el cual incubó dos siglos antes de sumergir el Imperio Romano; procesos epidémicos extremadamente rápidos como la difusión del Islam. Es un enjambre de devenires enfrentados con riesgos, incertidumbres que involucran evoluciones, enredos, progresiones, regresiones, rupturas. Y, cuando se ha constituido una historia planetaria, ésta acarrea como lo hemos visto en este siglo dos guerras mundiales y erupciones totalitarias. La Historia es un complejo de orden, de desorden y de organización. Obedece a determinismos y azares donde surgen sin cesar el *"ruido y el furor"*. Tiene siempre dos caras opuestas: civilización y barbarie, creación y destrucción, génesis y muerte...

3. Un mundo incierto

La aventura incierta de la humanidad no hace más que perseguir en su esfera la aventura incierta del cosmos que nació de un accidente impensable para nosotros y que continúa en un devenir de creaciones y de destrucciones.

Hemos aprendido a finales del siglo XX que hay que substituir la visión de un universo que obedece a un orden impecable por una visión donde el universo sea el juego y lo que está en juego de una dialógica (relación antagónica, competente y complementaria) entre el orden, el desorden y la organización.

La Tierra, probablemente en sus inicios un montón de desperdicios cósmicos procedentes de una explosión solar, se organizó así misma en una dialógica entre *orden↔ desorden↔ organización*, sufriendo no sólo erupciones y temblores sino también el choque violento de aerolitos de los cuales tal vez uno suscitó el desprendimiento de la luna[10].

4. Enfrentar las incertidumbres

Una nueva conciencia empieza a surgir: el hombre, enfrentado a las incertidumbres por todos los lados, es arrastrado hacia una nueva aventura. Hay que aprender a enfrentar la incertidumbre puesto que vivimos una época cambiante donde los valores son ambivalentes, donde todo está ligado. Es por eso que la educación del futuro debe volver sobre las incertidumbres ligadas al conocimiento (cf. Capítulo II) ya que existe:

- Un principio de *incertidumbre cerebro-mental* que se deriva del proceso de *traducción/reconstrucción* propio a todo conocimiento.

---

10. Ver *supra* Capítulo III "Enseñar la condición humana", 1.3 "La condición terrestre".

- Un principio de *incertidumbre lógica*. Como decía Pascal muy claramente: *"ni la contradicción es señal de falsedad ni la no contradicción es señal de verdad"*.

- Un principio de *incertidumbre racional* ya que la racionalidad, si no mantiene su vigilancia autocrítica, cae en la racionalización.

- Un principio de *incertidumbre sicológica*: No existe la posibilidad de ser totalmente consciente de lo que pasa en la maquinaria de nuestra mente, la cual siempre conserva algo fundamentalmente inconsciente. Existe pues, la dificultad de un auto-examen crítico por medio del cual nuestra sinceridad no garantiza certidumbre; existen límites para cualquier auto-conocimiento.

Tantos problemas dramaticamente ligados hacen pensar que el mundo no sólo está en crisis, está en este estado violento donde se enfrentan las fuerzas de muerte y las fuerzas de vida que bién podemos llamar *agonía*. Aunque solidarios, los humanos siguen siendo enemigos entre sí y el desencadenamiento de odios entre razas, religiones, ideologías siempre acarrea guerras, masacres, torturas, odios, desprecios. Los procesos son destructores de un mundo antiguo, multimilenario por un lado, multisecular por el otro. La humanidad no acaba de explicarse la Humanidad. Aún no sabemos si sólo se trata de la agonía de un viejo mundo que anuncia un nuevo nacimiento o de una agonía mortal. Una conciencia nueva empieza a surgir: la Humanidad es llevada hacia una aventura desconocida.

4.1 La incertidumbre de lo real

La realidad no es evidentemente legible. Las ideas y teorías no reflejan sino que traducen la realidad, la cual pueden traducir de manera errónea. Nuestra realidad no es otra que nuestra idea de la realidad.

Igualmente, que importa no ser realista en sentido trivial (adaptarse a lo inmediato), ni irrealista en el mismo sentido (sustraerse de las coacciones de la realidad), lo que importa es ser realista en el sentido complejo: comprender la incertidumbre de lo real, saber que hay un posible aún invisible en lo real.

Esto nos muestra que hay que saber interpretar la realidad antes de reconocer donde está el realismo.

Una vez más nos llegan incertidumbres sobre la realidad que impregnan de incertidumbre los realismos y revelan, de pronto, que aparentes irrealismos eran realistas.

4.2 La incertidumbre del conocimiento

El conocimiento es una aventura incierta que conlleva en sí misma y permanentemente el riesgo de ilusión y de error.

Ahora bien, es en las incertidumbres doctrinales, dogmáticas e intolerantes donde se encuentran las peores ilusiones; en cambio, la conciencia del carácter incierto del acto cognitivo constituye la oportunidad para llegar a un conocimiento pertinente, el cual necesita exámenes, verificaciones y convergencia de indicios; así, en los crucigramas, se llega a la precisión por cada palabra adecuada según su definición y su congruencia con las otras palabras que abarcan letras comunes; la concordancia general que se establece entre todas las palabras constituye una verificación de conjunto que confirma la legitimidad de las diferentes palabras inscritas. Pero la vida, a diferencia de los crucigramas, comprende casos sin definición, casos con falsas definiciones y especialmente la ausencia de un marco general cerrado; es sólo allí, donde se puede aislar un marco y se pueden manejar elementos clasificables, como en el cuadro de Mendeleïev, que se pueden lograr certezas. Una vez más repitámoslo: el conocimiento es navegar en un océano de incertidumbres a través de archipiélagos de certezas.

Se tiene, a veces, la impresión de que la acción simplifica debido a que en una alternativa se decide, se elije. Ahora bien, la acción es decisión, elección y también es apuesta. En la noción de apuesta existe la conciencia de riesgo y de incertidumbre.

Aquí interviene la noción de *ecología de la acción*. Tan pronto como un individuo emprende una acción, cual fuere, ésta empieza a escapar a sus intensiones. Dicha acción entra en un universo de interacciones y finalmente es el entorno el que se la toma en uno u otro sentido que puede contrariar la intensión inicial. A menudo, la acción se nos devuelve como un boomerang, lo que nos obliga a seguirla, a intentar corregirla (si hay tiempo) y, en ocasiones a destruirla, como hacen los responsables de la NASA cuando explotan un cohete porque se desvía de su trayectoria.

La ecología de la acción es, en suma, tener en cuenta su propia complejidad, es decir riesgo, azar, iniciativa, decisión, inesperado, imprevisto, conciencia de desviaciones y transformaciones[11].

Una de las más grandes adquisiciones del siglo XX ha sido el establecimiento de teoremas que limitan el conocimiento, tanto en el razonamiento (teorema de Gödel, teorema de Chaitin) como en la acción. En este campo, señalemos el teorema de Arrow que constituye la imposibilidad de asociar un interés colectivo a partir de intereses individuales como definir un éxito colectivo a partir de la colección de éxitos individuales. En otras palabras, no existe la posibilidad de plantear un algoritmo de optimización en los problemas humanos: la búsqueda de la optimización sobrepasa cualquier capacidad de búsqueda disponible, y finalmente se vuelve no óptima, incluso pésima, la búsqueda de un optimum. Se

---

11   Cf. E. Morin. " Introducción al Pensamiento Complejo ". Ediciones ESF, París, 1990.

nos lleva a una nueva incertidumbre entre la búsqueda del mayor bien y la del menor mal.

Por otra parte, la teoría de los juegos de Von Neumann nos muestra que más allá de un duelo entre dos actores racionales no se puede decidir la mejor estrategia con certeza. Ahora bien, los juegos de la vida raramente comportan dos actores y mucho menos racionales.

En resumen, la gran incertidumbre que hay que afrontar viene de lo que llamamos la ecología de la acción que comprende cuatro principios.

4.3.1 El bucle: riesgo ↔ precaución

El principio de incertidumbre proviene de la doble necesidad del riesgo y de la precaución. Para cualquier acción que se emprenda en un medio incierto hay contradicción entre el principio de riesgo y el principio de precaución, siendo ambos necesarios; se trata de poder ligarlos a pesar de su oposición según el dicho de Pericles: *"Nosotros sabemos a la vez probar una audacia extrema y no emprender nada sin una reflexión detenida. En los demás el atrevimiento es un efecto de la ignorancia mientras que la reflexión implica indecisión"*, (en Thucydide, *Guerra del Peloponeso*).

4.3.2 El bucle: fines ↔ medios

El principio de incertidumbre del fin y de los medios. Como los medios y los fines inter-retro-actúan los unos con los otros, es casi inevitable que medios innobles al servicio de fines nobles los alteren y terminen por sustituirlos. Los medios dominantes empleados para un fin liberador pueden no solamente contaminar este fin sino también auto-finalizarse. Por ejemplo, la Tcheka, después de haber pervertido el proyecto socialista, se autofinalizó convirtiéndose, bajo los nombres sucesivos de Guépéou, NKVD, KGB, en una potencia policiaca suprema destinada a autoperpetuarse. Sin embargo, la astucia, la mentira y la fuerza al servicio de una justa causa pueden salvarla sin contaminarla, a condición de haber utilizado medios excepcionales y provisionales. En cambio, es posible que acciones perversas conduzcan a resultados excelentes, justamente por las acciones que provocan. Entonces, no es absolutamente cierto que la pureza de los medios conduzca a los fines deseados, ni tampoco que su impureza sea necesariamente nefasta.

4.3.3 El bucle: acción ↔ contexto

Toda acción escapa a la voluntad de su autor cuando entra en el juego de las inter-retro-acciones del medio donde interviene. Tal es el principio propio de la ecología de la acción. La acción no sólo arriesga el fracazo sino también la desviación o la perversión de su sentido inicial o puede incluso volverse contra sus iniciadores. Así, el inicio de la Revolución de Octubre de 1917, no suscitó una dictadura del proletariado sino una dictadura sobre el proletariado. En un sentido más amplio, las dos vías hacia el Socialismo, la reformista social-demócrata y la revolucionaria leninista terminaron ambas en cualquier cosa distinta a sus finalidades. La instalación del rey Juan Carlos en España, según la intensión del general Franco de consolidar su orden despótico, contribuyó por el contrario a llevar a España hacia la democracia.

La acción puede tener tres tipos de consecuencias insospechadas como lo ha reseñado Hirschman:

* El efecto perverso (el efecto nefasto inesperado es más importante que el efecto benéfico esperado).

* La inanidad de la innovación (entre más cambia más es la misma cosa).

* La puesta en peligro de las adquisiciones obtenidas (se ha querido mejorar la sociedad, pero no se ha logrado otra cosa que suprimir libertades o seguridades). Los efectos

perversos, vanos, nocivos de la Revolución de Octubre de 1917 se manifestaron en la experiencia soviética.

5. La impredecibilidad a largo plazo

En realidad, se pueden considerar o calcular a corto plazo los efectos de una acción, pero sus efectos a largo plazo son impredecibles. Así, las consecuencias en cadena de la Revolución Francesa (1789) fueron todas inesperadas: el Terror, el Termidor, el Imperio, y más adelante el reestablecimiento de los reyes Borbones, y aún más, las consecuencias europeas y mundiales hasta octubre de 1917 fueron impredecibles, como lo fueron enseguida también las del mismo Octubre de 1917, desde la formación del imperio totalitario hasta su caída.

De esta manera, ninguna acción está segura de obrar en el sentido de su intención.

La ecología de la acción nos invita, sin embargo, no a la inacción sino a la apuesta que reconoce sus riesgos y a la estrategia que permite modificar incluso anular la acción emprendida.

5.1 La apuesta y la estrategia

En efecto, hay dos vías para enfrentar la incertidumbre de la acción. La primera es la plena conciencia de la apuesta que conlleva la decisión; la segunda el recurso a la estrategia.

Una vez bien tomada la decisión, la plena conciencia de la incertidumbre se vuelve la plena conciencia de una apuesta. Pascal había reconocido que su fe provenía de una apuesta. La noción de apuesta se debe generalizar para cualquier fe; la fe en un mundo mejor, la fe en la fraternidad o en la justicia, así como en toda decisión ética.

La estrategia debe prevalecer sobre el programa. El programa establece una secuencia de acciones que deben ser ejecutadas sin variación en un entorno estable; pero desde que haya modificación de las condiciones exteriores el programa se bloquea. En cambio, la estrategia elabora un escenario de acción examinando las certezas y las incertidumbres de la situación, las probabilidades, las improbabilidades. El escenario puede y debe ser modificado según las informaciones recogidas, los azares, contratiempos u oportunidades encontradas en el curso del camino. Podemos, dentro de nuestras estrategias, utilizar secuencias cortas programadas, pero para todo aquello que se efectúe en un entorno inestable e incierto, se impone la estrategia; ésta debe privilegiar tanto la prudencia como la audacia y si es posible las dos a la vez. La estrategia puede y debe efectuar compromisos con frecuencia. ¿Hasta dónde? No hay respuesta general para esta pregunta, es más, hay un riesgo que puede ser el de la intransigencia que conduce a la derrota o el de la transigencia que conduce a la abdicación. Es en la estrategia que siempre se plantea, de manera singular en función del contexto y en virtud de su propio desarrollo, el problema de la dialógica entre fines y medios.

Finalmente, tenemos que considerar las dificultades de una estrategia al servicio de una finalidad compleja como la que indica el lema "libertad, igualdad, fraternidad". Estos tres términos complementarios son al mismo tiempo antagónicos; la libertad tiende a destruir la igualdad; ésta, si es impuesta, tiende a destruir la libertad; por último, la fraternidad no puede ser ni decretada ni impuesta sino incitada. Según las condiciones históricas, una estrategia deberá favorecer la libertad o la igualdad o la fraternidad sin oponerse nunca a los otros dos términos.

De esta forma, la respuesta a las incertidumbres de la acción está constituida por la buena elección de una decisión, por la conciencia de la apuesta, la elaboración de una estrategia que tenga en cuenta las complejidades inherentes a sus propias finalidades, que en el transcurso de la acción pueda modificarse en función de los riesgos, informaciones, cambios de contexto y que pueda considerar un eventual torpedeo de la acción que hubiese tomado un curso nocivo. Por esto, se puede y se debe luchar contra las incertidumbres de la acción; se puede incluso superarlas a corto o mediano plazo, pero nadie pretendería eliminarlas a largo plazo. La estrategia, como el conocimiento, sigue siendo la navegación en un océano de incertidumbres a través de archipiélagos de certezas.

El deseo de aniquilar la Incertidumbre puede parecernos como la enfermedad misma de nuestras mentes y toda dirección hacia la gran Certeza no podría ser más que un embarazo sicológico.

El pensamiento, entonces, debe encaminarse y aguerrirse para afrontar la incertidumbre. Todo aquello que implica oportunidad implica riesgo y el pensamiento debe diferenciar las oportunidades de los riesgos así como los riesgos de las oportunidades.

El abandono del progreso garantizado por las "leyes de la Historia" no es el abandono del progreso sino el reconocimiento de su carácter incierto y frágil. La renuncia al mejor de los mundos no es de ninguna manera la renuncia a un mundo mejor.

En la historia, hemos visto permanente y desafortunadamente que lo posible se vuelve imposible y podemos presentir que las más ricas posibilidades humanas siguen siendo imposibles de realizar. Pero también hemos visto que lo inesperado llega a ser posible y se realiza; hemos visto a menudo que lo improbable se realiza más que lo probable; sepamos, entonces, confiar en lo inesperado y trabajar para lo improbable.

Capítulo VI

Enseñar la comprensión

La situación sobre nuestra tierra es paradójica. Las interdependencias se han multiplicado. La conciencia de ser solidarios con su vida y con su muerte liga desde ahora a los humanos. La comunicación triunfa; el planeta está atravezado por redes, faxes, teléfonos celulares, modems, Internet. Y sin embargo, la incomprensión sigue siendo general. Sin duda, hay grandes y múltiples progresos de la comprensión, pero los progresos de la incomprensión parecen aún más grande.

El problema de la comprensión se ha vuelto crucial para los humanos. Y por esta razón debe ser una de la finalidades de la educación para el futuro.

Recordemos que ninguna técnica de comunicación, del teléfono a Internet, aporta por sí misma la comprensión. La comprensión no puede digitarse. Educar para comprender las matemáticas o cualquier disciplina es una cosa, educar para la comprensión humana es otra; ahí se encuentra justamente la misión espiritual de la educación: enseñar la comprensión entre las personas como condición y garantía de la solidaridad intelectual y moral de la humanidad.

El problema de la comprensión está doblemente polarizado:

* Un polo, ahora planetario, es el de la comprensión entre humanos: los encuentros y relaciones se multiplican entre personas, culturas, pueblos que representan culturas diferentes.

* Un polo individual, es el de las relaciones particulares entre familiares. Estas están cada vez más amenazadas por la incomprensión (como se indicará más adelante). El axioma *"entre más allegados, más comprensión"* sólo es una verdad relativa y se le puede oponer al axioma contrario *"entre más allegados menos comprensión"* puesto que la proximidad puede alimentar malos entendidos, celos, agresividades, incluso en los medios intelectuales aparentemente más evolucionados.

1. Las dos comprensiones

La comunicación no conlleva comprensión.

La información, si es bien transmitida y comprendida, conlleva inteligibilidad, primera condición necesaria para la comprensión, pero no suficiente.

Hay dos comprensiones: la comprensión intelectual u objetiva y la comprensión humana intersubjetiva. Comprender significa intelectualmente aprehender en conjunto, *com-prehendere*, asir en conjunto (el texto y su contexto, las partes y el todo, lo múltiple y lo individual). La comprensión intelectual pasa por la inteligibilidad.

Explicar es considerar lo que hay que conocer como un objeto y aplicarle todos los medios objetivos de conocimiento. La explicación es obviamente necesaria para la comprensión intelectual u objetiva.

La comprensión humana sobrepasa la explicación. La explicación es suficiente para la comprensión intelectual u objetiva de las cosas anónimas o materiales. Es insuficiente para la comprensión humana.

Esta comporta un conocimiento de sujeto a sujeto. Si veo un niño llorando, lo voy a comprender sin medir el grado de salinidad de sus lágrimas y, encontrando en mí mis angustias infantiles, lo indentifico conmigo y me identifico con él. Las demás personas se perciben no sólo objetivamente, sino como otro sujeto con el cual uno se identifica y que uno identifica en sí mismo, un *ego alter* que se vuelve *alter ego*. Comprender incluye necesariamente un proceso de empatía, de identificación y de proyección. Siempre intersubjetiva, la comprensión necesita apertura, simpatía, generosidad.

2. Una educación para los obstáculos a la comprensión

Los obstáculos externos a la comprensión intelectual u objetiva son múltiples.

La comprensión del sentido de las palabras de otro, de sus ideas, de su visión del mundo siempre está amenazada por todos los lados:

- Hay "ruido" que parasita la transmisión de la información, crea el malentendido o el no entendimiento.

- Hay polisemia de una noción que, enunciada en un sentido, se entiende en otro; así, la palabra "cultura", verdadero camaleón conceptual, puede significar todo lo que no siendo naturalmente innato debe ser aprendido y adquirido; puede significar los usos, valores, creencias de una etnia o de una nación; puede significar todo lo que aportan las humanidades, la literatura, el arte, la filosofía.

- Existe la ignorancia de los ritos y costumbres del otro, especialmente los ritos de cortesía que pueden conducir a ofender inconscientemente o a autodescalificarse con respecto del otro.

- Existe la incomprensión de los Valores imperativos expandidos en el seno de otra cultura como lo son en las sociedades tradicionales el respeto hacia los ancianos, la obediencia incondicional de los niños, la creencia religiosa o, al contrario, en nuestras sociedades democráticas contemporáneas, el culto al individuo y el respeto a las libertades.

- Existe la incomprensión de los imperativos éticos propios de una cultura, el imperativo de la venganza en las sociedades de tribus, y el imperativo de la ley en las sociedades evolucionadas.

- Existe a menudo la imposibilidad, dentro de una visión del mundo, de comprender las ideas o argumentos de otra visión del mundo, o dentro de una filosofía comprender otra filosofía.

- Por último, y más importante, existe la imposibilidad de comprensión de una estructura mental a otra.

Los obstáculos interiores a las dos comprensiones son enormes; no solamente existe la indiferencia sino también el egocentrismo, el etnocentrismo, el sociocentrismo, cuya característica común es considerarse el centro del mundo y considerar como secundario, insignificante u hostil todo lo extraño o lejano.

2.1 El egocentrismo

El egocentrismo cultiva la *self-deception*, traición a sí mismo engendrada por la autojustificación, la autoglorificación y la tendencia a adjudicar a los demás, extraños o no, la causa de todos los males. La *self-deception* es un juego rotativo complejo de mentira, sinceridad, convicción, duplicidad, que nos conduce a percibir, de manera peyorativa, las palabras o actos de los demás, a seleccionar lo que es desfavorable, a eliminar lo que es favorable, a seleccionar nuestros recuerdos gratificantes, a eliminar o transformar los deshonrosos.

El *Círculo de la Cruz,* de Iain Pears, muestra bien, a través de cuatro relatos diferentes de eventos iguales y de un mismo homicidio, la incompatibilidad entre los relatos debido no solamente al disimulo y a la mentira sino a las ideas preconcebidas, a las racionalizaciones, al egocentrismo o a la creencia religiosa. *La fiesta una vez más,* de Louis-Ferdinand Céline, es un testimonio único de la autojustificación frenética del autor, de su incapacidad de autocriticarse, de su razonamiento paranoico.

En realidad, la incomprensión de sí mismo es una fuente muy importante de la incomprensión de los demás. Uno se cubre a sí mismo sus carencias y debilidades, lo que nos vuelve despiadados con las carencias y debilidades de los demás.

El egocentrismo se amplia con el abandono de la disciplina y las obligaciones que anteriormente hacían renunciar a los deseos individuales cuando se oponían a los de parientes o cónyuges. Hoy en día, la incomprensión destroza las relaciones padres-hijos, esposos-esposas; ésta se expande como un cáncer en la vida cotidiana suscitando calumnias, agresiones, homicidios síquicos (deseos de muerte). El mundo de los intelectuales, escritores o universitarios, que debería ser el más comprensivo, es el más gangrenado bajo el efecto de una hipertrofia del yo asumido por una necesidad de consagración y de gloria.

2.2 Etnocentrismo y sociocentrismo

Etnocentrismo y egocentrismo nutren las xenofobias y racismos hasta el punto llegar a quitarle al extranjero su calidad de humano. Por esto, la verdadera lucha contra los racismos se operaría más contra sus raices ego-socio-céntricas que contra sus síntomas.
Las ideas preconcebidas, las racionalizaciones a partir de premisas arbitrarias, la autojustificación frenética, la incapacidad de autocriticarse, el razonamiento paranoico, la arrogancia, la negación, el desprecio, la fabricación y condena de culpables son las causas y consecuencias de las peores incomprensiones provenientes tanto del egocentrismo como del etnocentrismo.

La incomprensión produce tanto embrutecimiento que éste a su vez produce incomprensión. La indignación economiza examen y análisis. Como dice Clément Rosset: *"la descalificación por razones de orden moral evita cualquier esfuerzo de inteligencia del objeto descalificado de manera que un juicio moral traduce siempre un rechazo al análisis e incluso al pensamiento[12]"*. Como señalaba Westermarck: *"El carácter distintivo de la indignación moral sigue siendo el instintivo deseo de devolver pena por pena"*.
La incapacidad de concebir lo complejo y la reducción del conocimiento de un conjunto al de una de sus partes provocan consecuencias aún más funestas en el mundo de las relaciones humanas que en el del concocimiento del mundo físico.

---

12. C. Rosset, *Le démon de la tautologie, suivi de cinq pièces morales*, ed. Minuit, París, 1997, p. 68.

Reducir el conocimiento de lo complejo al de uno de sus elementos, considerado como el más significativo, tiene consecuencias peores en ética que en estudios de física. Ahora bien, es también el modo de pensar dominante, reductor y simplificador aliado a los mecanismos de incomprensión el que determina la reducción de una personalidad múltiple por naturaleza a una sola de sus rasgos. Si el rasgo es favorable, habrá desconocimiento de los aspectos negativos de esta personalidad. Si es desfavorable, habrá desconocimiento de sus rasgos positivos. En ambos casos habrá incomprensión. La comprensión nos pide, por ejemplo, no encerrar, no reducir un ser humano a su crimen, ni siquiera reducirlo a su criminalidad así haya cometido varios crímenes. Como decia Hegel: *"el pensamiento abstracto no ve en el asesino más que esta cualidad abstracta (sacada fuera de su contexto) y (destruye) en él, con la ayuda de esta única cualidad, el resto de su humanidad"*.

Recordemos también que la enajenación por una idea, una fe, que da la convicción absoluta de su verdad, anula cualquier posibilidad de comprensión de la otra idea, de la otra fe, de la otra persona.

Los obstáculos a la comprensión son múltiples y multiformes: los más graves están constituidos por el bucle egocentrismo autojustificación ↔ *self-deception*, por las posesiones y las reducciones, así como por el talión y la venganza; estructuras éstas arraigadas de manera indeleble en el espíritu humano que no se pueden arrancar pero que se pueden y se deben superar.

La conyunción de las incomprensiones, la intelectual y la humana, la individual y la colectiva, constituye obstáculos mayores para el mejoramiento de las relaciones entre los individuos, grupos, pueblos, naciones.

No son solamente las vías económicas, jurídicas, sociales, culturales las que facilitarán las vías de la comprensión, también son necesarias vías intelectuales y éticas, las cuales podrán desarrollar la doble comprensión intelectual y humana.

3. La ética de la comprensión

La ética de la comprensión es un arte de vivir que nos pide, en primer lugar, comprender de manera desinteresada. Pide un gran esfuezo ya que no puede esperar ninguna reciprocidad: aquel que está amenazado de muerte por un fanático comprende por qué el fanático quiere matarlo, sabiendo que éste no lo comprenderá jamás. Comprender al fanático que es incapaz de comprendernos, es comprender las raíces, las formas y las manifestaciones del fanatismo humano. Es comprender por qué y cómo se odia o se desprecia. La ética de la comprensión nos pide comprender la incomprensión.

La ética de la comprensión pide argumentar y refutar en vez de excomulgar y anatematizar. Encerrar en la noción de traidor aquello que proviene de una inteligibilidad más amplia impide reconocer el error, el extravío, las ideologías, los desvíos.

La comprensión no excusa ni acusa: ella nos pide evitar la condena perentoria, irremediable, como si uno mismo no hubiera conocido nunca la flaqueza ni hubiera cometido errores. *Si sabemos comprender antes de condenar estaremos en la vía de la humanización de las relaciones humanas.*

Lo que favoriza la comprensión es:

3.1 El "bien pensar"

Este es el modo de pensar que permite aprehender en conjunto el texto y el contexto, el ser y su entorno, lo local y lo global, lo multidimensional, en resumen lo complejo, es decir las condiciones del comportamiento humano. El nos permite comprender igualmente las condiciones objetivas y subjetivas (*self-deception*, enajenación por fe, delirios e histerias).

3.2 La introspección

La práctica mental del auto-examen permanente de sí mismo es necesaria, ya que la comprensión de nuestras propias debilidades o faltas es la vía para la comprensión de las de los demás. Si descubrimos que somos seres débiles, fragiles, insuficientes, carentes, entonces podemos descubrir que todos tenemos una necesidad mutua de comprensión.

El auto-examen crítico nos permite descentrarnos relativamente con respecto de nosotros mismos, y por consiguiente reconocer y juzgar nuestro egocentrismo. Nos permite dejar de asumir la posición de juez en todas las cosas[13].

4. La conciencia de la complejidad humana

La comprensión hacia los demás necesita la conciencia de la complejidad humana.

Así, podemos extraer de la literatura novelesca y del cine la conciencia de que no se debe reducir un ser a la mínima parte de sí mismo, ni al peor fragmento de su pasado. Mientras que en la vida ordinaria nos apresuramos a encerrar en la noción de criminal a aquel que ha cometido un crimen, reduciendo los demás aspectos de su vida y de su persona a ese único rasgo, descubrimos los mútiples aspectos en los reyes gangsters de Shakespeare y en los gangsters reales de la películas policíacas. Podemos ver cómo

---

13.   " C'est un con" (es un estúpido), " c'est un salaud" (es un cabrón), son dos expresiones que expresan tanto la incomprensión como la pretensión de la soberanía intelectual y moral.

un criminal se puede transformar y redimir como Jean Valjean y Raskolnikov.

Ahí podemos, finalmente, aprender las más grandes lecciones de la vida, la compasión por el sufrimiento de todos los humillados y la verdadera comprensión.

4.1 La apertura subjetiva (simpática) hacia los demás

Somos abiertos para ciertos allegados privilegiados, pero la mayor parte del tiempo permanecemos cerrados a los demás. El cine, que favorece el pleno empleo de nuestra subjetividad, por proyección e identificación, nos hace simpatizar y comprender a aquellos que nos serían extraños o antipáticos en un momento cualquiera. Aquel que siente repugnancia por el vagabundo que encuentra en la calle, simpatiza de todo corazón en el cine con el vagabundo Charlot. Siendo que en la vida cotidiana somos casi indiferentes a las miserias físicas y morales, experimentamos con la lectura de una novela o en una película: la compasión y la conmiseración.

4.2 La interiorización de la tolerancia

La verdadera tolerancia no es indiferente a las ideas o escepti- sismos generalizados; ésta supone una convicción, una fe, una elección ética y al mismo tiempo la aceptación de la expresión de las ideas, convicciones, elecciones contrarias a las nuestras. La tolerancia supone un sufrimiento al soportar la expresión de ideas negativas o, según nosotros, nefastas, y una voluntad de asumir este sufrimiento.

Existen cuatro grados de tolerancia: El primero, expresado por Voltaire, nos obliga a respetar el derecho de proferir un propósito que nos parece innoble; no se trata de respetar lo innoble, se trata de evitar que impongamos nuestra propia concepción de lo inno- ble para prohibir una palabra. El segundo grado es inseparable de la opción democrática: lo justo de la democracia es nutrirse de opiniones diversas y antagónicas; así, el principio democrático ordena a cada uno respetar la expresión de las ideas antagónicas a las suyas. El tercer grado obedece al concepto de Niels Bohr, para quien el contrario de una idea profunda es otra idea profunda; dicho de otra manera, hay una verdad en la idea antagónica a la nuestra, y es esta verdad la que hay que respetar. El cuarto grado proviene de la conciencia de las enajenaciones humanas por los mitos, ideologias, ideas o dioses así como de la conciencia de los desvíos que llevan a los individuos mucho más lejos y a un lugar diferente de donde quieren ir. La tolerancia vale, claro está, para las ideas no para los insultos, agresiones o actos homicidas.

5. Comprensión, ética y cultura planetarias

Debemos ligar la ética de la comprensión entre las personas con la ética de la era planetaria que no cesa de mundializar la comprensión. La única y verdadera mundialización que estaría al servicio del género humano es la de la comprensión, de la solidaridad intelectual y moral de la humanidad.

Las culturas deben aprender las unas de las otras y la orgullosa cultura occidental que se estableció como cultura enseñante debe también volverse una cultura que aprenda. Comprender es también aprender y re-aprender de manera permanente.

¿Cómo pueden comunicar las culturas? Magoroh Maruyama nos da una indicación útil[14]. En cada cultura, las mentalidades dominantes son etno o socio céntricas, es decir más o menos cerradas con respecto de las otras culturas. Pero también hay dentro de cada cultura mentalidades abiertas, curiosas no ortodoxas, marginadas,

---

14.   *Mindiscapes, individuals and cultures in management,* en *Journal of Management Inquiry,* Vol. 2, N° 2, junio 1993, p. 138-154. Sage Publication.

y también existen los mestizos, frutos de matrimonios mixtos que constituyen puentes naturales entre las culturas. A menudo, los marginados son escritores o poetas cuyo mensaje puede irradiarse en su propio país y en el mundo exterior.

Cuando se trata de arte, música, literatura, pensamiento, la mundialización cultural no es homogeneizante. Constituye grandes olas transnacionales que favorecen, al mismo tiempo, la expresión de las originalidades nacionales en su seno. Así ocurrió en Europa con el Clasicismo, las Luces, el Romanticismo, el Realismo, el Surrealismo. Hoy en día, las novelas japonesas, latinoamericanas, africanas son publicadas en los grandes lenguas europeos y las novelas europeas son publicadas en Asia, en Oriente, en Africa y en las Américas. Las traducciones de una lengua a otra de las novelas, ensayos, libros filosóficos, permiten a cada país acceder a las obras de los otros países, y alimentarse de las culturas del mundo nutriendo con sus propias obras un caldo de cultura planetaria. Este, que recoge los aportes originales de múltiples culturas, está aún limitado a esferas restringidas en cada nación; pero su desarrollo es un característica de la segunda parte del siglo XX y se debería extender hacia el siglo XXI lo cual sería un triunfo para la comprensión entre los humanos.

Paralelamente, las culturas orientales suscitan en Occidente diversas curiosidades e interrogaciones. Occidente ya había traducido el *Avesta* y las *Upanishads* en el siglo XVIII, Confusio y Lao Tseu en el siglo XIX pero los mensajes de Asia permanecían solamente como objeto de estudios eruditos. Es sólo en el siglo XX cuando el arte africano, las filosofías y místicas del Islam, los textos sagrados de la India, el pensamiento de Tao, el del Budismo se vuelven fuentes vivas para el alma occidental llevada/encadenada en el mundo del activismo, del productivismo, de la eficacia, del divertimiento y que aspira a la paz interior y a la relación armoniosa con el cuerpo.

La apertura de la cultura occidental puede parecer para algunos incomprensiva e incomprensible a la vez. Pero la racionalidad abierta y autocrítica proveniente de la cultura europea permite la comprensión y la integración de lo que otras culturas han desarrollado y que ella ha atrofiado. Occidente también debe integrar en él las virtudes de las otras culturas con el fin de corregir el activismo, el pragmatismo, el cuantitativismo, el consumismo desenfrenados que ha desencadenado dentro y fuera de él. Pero también debe salvaguardar, regenerar y propagar lo mejor de su cultura que ha producido la democracia, los derechos humanos, la protección de la esfera privada del ciudadano.

La comprensión entre sociedades supone sociedades democráticas abiertas, lo que quiere decir que el camino de la Comprensión entre culturas, pueblos y naciones pasa por la generalización de las sociedades democráticas abiertas.

Pero no olvidemos que incluso en las sociedades democráticas abiertas reside el problema epistemológico de la comprensión: para que pueda haber comprensión entre estructuras de pensamiento, se necesita poder pasar a una metaestructura de pensamiento que comprenda las causas de la incomprensión de las unas con respecto de las otras y que pueda superarlas.

La comprensión es a la vez medio y fin de la comunicación humana. El planeta necesita comprensiones mutuas en todos los sentidos. Dada la importancia de la educación en la comprensión a todos los niveles educativos y en todas las edades, el desarrollo de la comprensión necesita una reforma planetaria de las mentalidades; esa debe ser la labor de la educación del futuro.

Capítulo VII

La ética
del género humano

Como lo vimos en el capítulo III, la concepción compleja del género humano comprende la triada *individuo ↔ sociedad ↔ especie*. Los individuos son más que el producto del proceso reproductor de la especie humana, pero este mismo proceso es producido por los individuos de cada generación. Las interacciones entre individuos producen la sociedad y ésta retroactúa sobre los individuos. La cultura, en sentido genérico, emerge de estas interacciones, las religa y les da un valor. *Individuo ↔ sociedad ↔ especie* se conservan en sentido completo: se sostienen, se retroalimentan y se religan.

Así, *individuo ↔ sociedad ↔ especie* son no solamente inseparables sino coproductores el uno del otro. Cada uno de estos términos es a la vez medio y fin de los otros. No se puede absolutizar a ninguno y hacer de uno solo el fin supremo de la triada; ésta es en sí misma, de manera rotativa, su propio fin. Estos elementos no se podrían comprender de manera disociada: toda concepción del género humano significa desarrollo conjunto de las autonomías individuales, de las participaciones comunitarias y del sentido de pertenencia a la especie humana. En medio de esta triada compleja emerge la conciencia.

Desde ahora, una ética propiamente humana, es decir una antropo-ética debe considerarse como una ética del bucle de los tres términos *individuo* ↔ *sociedad* ↔ *especie*, de donde surgen nuestra conciencia y nuestro espíritu propiamente humano. Esa es la base para enseñar la ética venidera.

La antropo-ética supone la decisión consciente y clara:

- De asumir la humana condición *individuo* ↔ *sociedad* ↔ *especie* en la complejidad de nuestra era.

- De lograr la humanidad en nosotros mismos en nuestra conciencia personal.

- De asumir el destino humano en sus antinomias y su plenitud.

La antropo-ética nos pide asumir la misión antropológica del milenio:

- Trabajar para la humanización de la humanidad.

- Efectuar el doble pilotaje del planeta: obedecer a la vida, guiar la vida.

- Lograr la unidad planetaria en la diversidad.

- Respetar en el otro, a la vez, tanto la diferencia como la identidad consigo mismo.

- Desarrollar la ética de la solidaridad.

- Desarrollar la ética de la comprensión.

- Enseñar la ética del género humano.

La antropo-ética conlleva, entonces, la esperanza de lograr la humanidad como conciencia y ciudadanía planetaria. Comprende, por consiguiente, como toda ética, una aspiración y una voluntad pero también una apuesta a lo incierto. Ella es conciencia individual más allá de la individualidad.

1. El bucle: Individuo ↔ Sociedad: Enseñar la democracia

Individuo y Sociedad existen mutuamente. La democracia permite la relación rica y compleja individuo sociedad donde los individuos y la sociedad pueden entre sí ayudarse, desarrollarse, regularse y controlarse.

La democracia se funda sobre el control del aparato del poder por los controlados y así reduce la esclavitud (que determina un poder que no sufre la autoregulación de aquellos que somete); en este sentido la democracia es, más que un régimen político, la regeneración continua de un bucle complejo y retroactivo: los ciudadanos producen la democracia que produce los ciudadanos.

A diferencia de las sociedades democráticas, que funcionan gracias a las libertades individuales y a la responsabilidad de los individuos, las sociedades autoritarias o totalitarias colonizan los individuos que no son más que súbditos; en la democracia el individuo es ciudadano, persona jurídica y responsable que, por un lado, expresa sus deseos e intereses y, por el otro, es responsable y solidario con su ciudad.

1.1 Democracia y complejidad

La democracia no se puede definir de manera simple. La soberanía del pueblo ciudadano comprende al mismo tiempo la autolimitación de esta soberanía por la obediencia a las leyes y el traspaso de soberanía a los elegidos. La democracia comprende al mismo tiempo la autolimitación del poder estatal por la separación de los poderes, la garantía de los derechos individuales y la protección de la vida privada.

Evidentemente, la democracia necesita del consenso de la mayoría de los ciudadanos y del respeto de las reglas democráticas. Necesita que un gran número de ciudadanos crea en la democracia. Pero, al igual que consenso, la democracia necesita diversidades y antagonismos.

La experiencia del totalitarismo ha relevado un carácter fundamental de la democracia: su vínculo vital con la diversidad.

La democracia supone y alimenta la diversidad de los intereses así como la diversidad de las ideas. El respeto de la diversidad significa que la democracia no se puede identificar con la dictadura de la mayoría sobre las minorías; ella debe incluir el derecho de las minorías y contestatarios a la existencia y a la expresión, y debe permitir la expresión de las ideas heréticas y marginadas. Así, como hay que proteger la diversidad de las especies para salvar la biósfera, hay que proteger la de las ideas y opiniones y también la diversidad de las fuentes de información y de los medios de información (prensa y demás medios de comunicación), para salvar la vida democrática.

La democracia necesita tanto conflictos de ideas como de opiniones que le den vitalidad y productividad. Pero la vitalidad y la productividad de los conflictos sólo se puede expandir en la obediencia a la norma democrática que regula los antagonismos reemplazando las batallas físicas por las batallas de ideas, y determina por la vía de los debates y las elecciones un vencedor provisional de las ideas en conflicto, el cual, a cambio, tiene la responsabilidad de dar cuenta de la realización de sus ideas.

Exigiendo a la vez, consenso, diversidad y conflicto, la democracia es un sistema complejo de organización y de civilización políticas que alimenta y se alimenta de la autonomía de espíritu de los individuos, de su libertad de opinión y de expresión, de su civismo que alimenta y se alimenta del ideal, *Libertad Igualdad Fraternidad,* el cual comporta un conflicto creador entre estos tres términos inseparables.

La democracia constituye por consiguiente un sistema político complejo en cuanto que vive de pluralidades, competencias y antagonismos permaneciendo como una comunidad.

Así, la democracia constituye la unión de la unión y de la desunión; tolera y se alimenta endémicamente, a veces explosivamente, de conflictos que le dan vitalidad. Ella vive de pluralidad hasta en la cima del Estado (división de los poderes ejecutivo, legislativo y judicial) y debe conservar esta pluralidad para conservarse ella misma.

El desarrollo de las complejidades políticas, económicas y sociales nutre los desarrollos de la individualidad y ésta se afirma en sus derechos (humano y del ciudadano); adquiere libertades existenciales (elección autónoma del cónyuge, de la residencia, de los placeres...).

1.2 La dialógica democrática

Todas las características importantes de la democracia tienen un carácter dialógico que une de manera complementaria términos antagónicos: *consenso/conflicto, libertad igualdad fraternidad, comunidad nacional/antagonismos sociales e ideológicos.* En resumen, la democracia depende de las condiciones que dependen de su ejercicio (espíritu cívico, aceptación de la regla del juego democrático).

Las democracias son frágiles, viven de conflictos, pero éstos las pueden sumergir. La democracia aún no está generalizada en todo el planeta que incluye dictaduras y residuos del totalitarismo del siglo XX o gérmenes de nuevos totalitarismos. Ella seguirá amenazada en el siglo XXI; Además, las democracias existentes no es que no se hayan logrado sino que están incompletas o inacabadas.

La democratización de las sociedades occidentales ha sido un proceso largo que se ha continuado irregularmente en ciertos campos como el acceso de las mujeres a la igualdad con los hombres en la pareja, el trabajo, el acceso a las carreras públicas. El socialismo occidental no ha podido democratizar la organización económico-social de nuestras sociedades. Las empresas siguen siendo sistemas autoritarios jerárquicos, democratizados muy parcialmente en su base por consejos o sindicatos. Es cierto que la democratización tiene límites en organizaciones cuya eficacia esta basada en la obediencia, como en el ejército. Pero nos podemos cuestionar si, como lo hacen ver ciertas empresas, no se puede lograr otra eficacia apelando a la iniciativa y responsabilidad de individuos o grupos. De todas formas, nuestras democracias comportan carencias y lagunas. Por ejemplo, los ciudadanos implicados no son consultados sobre las alternativas en materia, por ejemplo, de transporte (TGV –tren de gran velocidad–, aviones cargueros, autopistas, etc.).

No existen solamente las incapacidades democráticas. Hay procesos de regresión democrática que tienden a marginar a los ciudadanos de las grandes decisiones políticas (bajo el pretexto de que éstas son muy "complicadas" y deben ser tomadas por "expertos" tecnócratas); a atrofiar sus habilidades, a amenazar la diversidad, a degradar el civismo.

Estos procesos de regresión están ligados al crecimiento de la complejidad de los problemas y al modo mutililador de tratarlos. La política se fragmenta en diversos campos y la posibilidad de concebirlos juntos disminuye o desaparece.

Del mismo modo, hay despolitización de la política que se auto-disuelve en la administración, la técnica (el expertismo), la economía, el pensamiento cuantificador (sondeos, estadísticas). La política en trizas pierde la comprensión de la vida, de los sufrimientos, de los desemparos, de las soledades, de las necesidades no cuantificables. Todo esto contribuye a una gigantesca regresión democrática: los ciudadanos desposeídos de los problemas fundamentales de la ciudad.

1.3 El futuro de la democracia

Las democracias del siglo XXI estarán cada vez más enfrentadas a un problema gigantesco que nació con el desarrollo de la enorme máquina donde ciencia, técnica y burocracia están intimamente asociadas. Esta enorme máquina no produce sólo conocimiento y elucidación, también produce ignorancia y ceguera. Los desarrollos disciplinarios de las ciencias no han aportado solamente las ventajas de la división del trabajo; también han aportado los inconvenientes de la superespecialización, la separación y la parcelación del saber. Este último se ha vuelto cada vez más esotérico (accesible sólo para especialistas) y anónimo (concentrado en bancos de datos y utilizado por instancias anónimas, empezando por el Estado). Igualmente, el conocimiento técnico se reserva a los expertos cuya habilidad en un campo cerrado se acompaña de una incompetencia cuando este campo es parasitado por influencias externas o modificado por un evento nuevo. En tales condiciones el ciudadano pierde el derecho al conocimiento; tiene el derecho de adquirir un saber especializado haciendo estudios *ad hoc*, pero está desprovisto como ciudadano de cualquier punto de vista global y pertinente. El arma atómica, por ejemplo, ha desposeído por completo al ciudadano de la posibilidad de pensarla y de controlarla; su utilización depende generalmente de la decisión personal y única de un jefe de Estado sin consultar ninguna instancia democrática regular. Entre más técnica se vuelve la política, más retrocede la competencia democrática.

El problema no se plantea solamente por la crisis o la guerra. Es un problema de la vida cotidiana: el desarrollo de la tecnoburocracia instala el reino de los expertos en todos los campos que hasta ahora dependían de discusiones y decisiones políticas y suplanta a los ciudadanos en los campos abiertos a las manipulaciones biológicas de la paternidad, de la maternidad, del nacimiento, de la muerte. Estos problemas no han entrado en la conciencia política ni en el debate democrático del siglo XX, a excepción de algunos casos.

En el fondo, la fosa que se agranda entre una tecnociencia esotérica, hiper especializada y los ciudadanos crea una dualidad entre los conocientes-cuyo conocimiento es parcelado, incapaz de contextualizar y globalizar- y los ignorantes, es decir el conjunto de los ciudadanos. Así se crea una nueva fractura de la sociedad entre una "nueva clase" y los ciudadanos. El mismo proceso está en marcha en el acceso a las nuevas tecnologías de comunicación entre los países ricos y los países pobres.

Los ciudadanos son rechazados de los asuntos políticos cada vez más acaparados por los "expertos" y la dominación de la "nueva clase" impide, en realidad, la democratización del conocimiento.

De esta manera, la reducción de lo político a lo técnico y a lo económico, la reducción de lo económico al crecimiento, la pérdida de los referentes y de los horizontes, todo ello produce debilitamiento del civismo, escape y refugio en la vida privada, alteración entre apatía y revoluciones violentas; así, a pesar de que se mantengan las instituciones democráticas, la vida democrática se debilita.

En estas condiciones, se plantea a las sociedades conocidas como democráticas la necesidad de regenerar la democracia, mientras que, en una gran parte del mundo, se plantea el problema de generar democracia y que las necesidades planetarias nos piden engendrar a su nivel una nueva posibilidad democrática.

La regeneración democrática supone la regeneración del civismo, la regeneración del civismo supone la regeneración de la solidaridad y de la responsabilidad, es decir el desarrollo de la antropo-ética[15].

2. El bucle individuo ↔ especie: enseñar la ciudadanía terrestre

El vínculo ético del individuo con la especie humana ha sido afirmado desde las más antiguas civilizaciones. Fue el autor la-

---

15. Podríamos preguntarnos finalmente si la escuela no podría ser práctica y concretamente un laboratorio de vida democrática. Obviamente, se trataría de una democracia limitada en el sentido que un profesor no sería elegido por sus estudiantes, que una necesaria autodisciplina colectiva no podría eliminar una disciplina impuesta e igualmente en el sentido que la desigualdad de principio entre los que saben y los que aprenden no se podría abolir.

   Sin embargo, (y de todas formas la autonomía adquirida por el tipo de edad adolecente lo requiere), la autoridad no podría ser incondicional, y se podrían instaurar reglas de cuestionamiento de las decisiones consideradas como arbitrarias, especialmente con la institución de un consejo de grupo elegido por los estudiantes o incluso por instancias de arbitramento externos. La reforma francesa de los liceos que se realizó en 1999 instaura este tipo de mecanismo.

   Pero sobre todo, la clase debe ser el lugar de aprendizaje del debate argumentado, de las reglas necesarias para la discusión, de la toma de conciencia de las necesidades y de los procesos de comprensión del pensamiento de los demás, de la escucha y del respeto de las voces minoritarias y marginadas. Así, el aprendizaje de la comprensión debe jugar un papel fundamental en el aprendizaje democrático.

tino Terence quien, en el siglo II antes de la era cristiana, hacía decir a uno de los personajes del *Bourreau de soi-même*: *"homo sum nihil a me alienum puto"* (*"soy humano, nada de lo que es humano me es extraño"*).

Esta antropo-ética ha sido cubierta, oscurecida, minimizada por las éticas diversas y cerradas pero no ha dejado de conservarse en las grandes religiones universalistas ni de resurgir en las éticas universalistas, en el humanismo, en los derechos humanos, en el imperativo kantiano.

Ya decía Kant que la finitud geográfica de nuestra tierra impone a sus habitantes un principio de hospitalidad universal, reconociendo al otro el derecho de no ser tratado como enemigo. A partir del siglo XX, la comunidad de destino terrestre nos impone de manera vital la solidaridad.

3. La humanidad como destino planetario

La comunidad de destino planetaria permite asumir y cumplir esta parte de la antropo-ética que concierne a la relación entre el individuo singular y la especie humana como un todo.

Esta debe trabajar para que la especie humana, sin dejar de ser la instancia *biológico-reproductora* del humano, se desarrolle y dé, al fin, con la participación de los individuos y de las sociedades, concretamente nacimiento a la Humanidad como conciencia común y solidaridad planetaria del género humano.

La Humanidad dejó de ser una noción meramente biológica debiendo ser plenamente reconocida con su inclusión indisociable en la biósfera; la Humanidad dejó de ser una noción sin raíces; ella se enraizó en una "Patria", la Tierra, y *la Tierra es una Patria en peligro*. La Humanidad dejó de ser una noción abstracta: es una realidad vital ya que desde ahora está amenazada de muerte por primera vez. La Humanidad ha dejado de ser una noción solamente ideal, se ha vuelto una comunidad de destino y sólo la conciencia de esta comunidad la puede conducir a una comunidad de vida; la Humanidad, de ahora en adelante, es una noción ética: ella es lo que debe ser realizado por todos y en cada uno.

Mientras que la especie humana continúa su aventura bajo la amenaza de la autodestrucción, el imperativo es: salvar a la Humanidad realizándola.

En realidad, la dominación, la opresión, la barbarie humanas permanecen en el planeta y se agravan. Es un problema antropo-histórico fundamental para el cual no hay solución *a priori*, pero sobre el cual hay mejoras posibles, y el cual unicamente podría tratar el proceso multidimensional que nos civilizaría a cada uno de nosotros, a nuestras sociedades, a la Tierra.

Como tales y conjuntamente, una política del hombre[16], una política de civilización[17], una reforma de pensamiento, la antropo-ética, el verdadero humanismo, la conciencia de *Tierra-Patria* reducirían la ignominia en el mundo.

Aún por más tiempo (cf. capítulo III) la expansión y la libre expresión de los individuos constituyen nuestro propósito ético y politico para el planeta; ello supone a la vez el desarrollo de la relación *individuo sociedad* en el sentido democrático, y el desarrollo de la relación *individuo ↔ especie* en el sentido de la realización de la Humanidad; es decir que los individuos permanecen integrados en el desarrollo mutuo de los términos de la triada *individuo ↔ sociedad ↔ especie*. No tenemos las llaves que abran las puertas de un futuro mejor. No conocemos un camino trazado. "El camino

---

16.   Cf. Edgar Morin, *Introduction à une politique de l'homme*, nueva edición, Le Seuil Points, 1999.

17.   Cf. Edgar Morin, Sami Naïr, *Politique de civilisation*, Arlea, 1997.

se hace al andar" (Antonio Machado). Pero podemos emprender nuestras finalidades: la continuación de la hominización en humanización, via ascenso a la ciudadanía terrestre. Para una comunidad planetaria organizada: ¿no sería esa la misión de una *verdadera Organización de las Naciones Unidas?*

A PROPÓSITO DE UNA BIBLIOGRAFÍA

Este texto de proposición y de reflexión no incluye bibliografía. Por una parte, el tema de los *7 saberes* nos remite a una bibliografía considerable la cual no sería posible inscribir en las dimensiones de esta publicación. Por otra parte, yo no podría imponer una bibliografía selectiva. Es facultativo, para cualquier lector interesado formarse su propia opinión con la realización de lecturas. Además, cada país dispone de obras provenientes de su propia cultura y no se trata aquí de excluirlas, intentando hacer una selección.

EDGAR MORIN

Nacido el 8 de julio de 1921 en París. Licenciado en Historia y Geografía y en Derecho (1942). Resistencia 1942-1944: Lugarteniente de las Fuerzas francesas combatientes. Agregado del Estado Mayor del Primer Ejército Francés en Alemania (1945), posteriormente Jefe del Bureau "Propaganda" en el gobierno militar francés (1946). Investigador del Centro de Estudios Transdisciplinarios (Escuela de Altos Estudios en Ciencias Sociales –EHESS– 1973/1989), Director Emérito de Investigaciones.

Director de la revista Argumentos (1056-1962). Director de la revista Comunicaciones (1973-1990), Presidente de la Agencia europea para la cultura. Presidente de la Asociación para el Pensamiento Complejo. Doctor honoris causa: Universidad de Perugia, Universidad de Palermo, Universidad de Ginebra, Universidad de Bruselas, Universidad de Odense. Laus honoris causa: Instituto Piaget, Portugal, Colegiado de Honor del Consejo Superior de la Educación Andaluza (España). Premio europeo de Ensayo Charles–Veillon 1987.

Premio Viareggio Internacional 1989. Medalla de Cámara de Diputados de la República Italiana. Premio Mediterráneo de la Generalidad de Cataluña 1994. Comendador de la Orden de las Artes y las Letras. Oficial de la Legión de Honor.